九州傻瓜的在地創生創業論

九州バカ——世界とつながる地元創生起業論

從地方創生到商業模式，
九州鬆餅的目標可是全世界！

村岡浩司－著
許郁文－譯

推薦序

創生很難，唯有懷抱故鄉愛及信念，並懸命努力著，終究可以到達彼岸

林事務所執行長、國立政治大學社會系兼任講師／林承毅

我和九州宮崎縣的緣分結得早，早在十年前任職顧問公司時，就因緣際會結交了當地出身的朋友，並在具備相同理念下，於八年前攜手倡議並展開宮崎「台灣塾」企劃，目標是打破過往的單向銷售，創造真正的雙向交流。我們期待搭建起一座橋樑讓兩地的人互為親友，應是台灣最早採用「關係人口」概念來實施的戰術。回顧最活躍的那三年，「台灣塾」確實帶動了台灣與宮崎之間的高度互動，包含資訊串連、職人互訪、經驗交流，最後也實際合作並帶動了人才的移動，身為當年台灣端的執行者，即使事過境遷，一切仍歷歷在目。

而不時被日本友人調侃是「九州分離主義分子」的愛鄉起業家村岡浩司先生，就是我在台灣塾如火如荼那段期間認識的，當時正巧與籌備台灣富錦街總店相重疊。不過，我們第一次見面是在位於宮崎市的九州鬆餅 Cafe，我利用那次前往九州出差的空檔與村岡先生相約吃早餐。還記得在那一次的交流中，村岡先生親切得如同一位多年不見的老友般，向我侃侃而談他二十年來在家鄉的奮鬥，至今仍記得當時聽他談及那些創業與在地實踐故事的感動。

很難想像眼前這位作風洋派、交遊廣闊，在其他日本友人眼中屬於全國級的大人物，即使事業有成、名氣頗大，仍念茲在茲故鄉的發展。還記得那次邊吃鬆餅，邊聽著村岡先生講述「鬆餅粉」的最初發想，並不是他多麼愛吃鬆餅，而是他想用一個商品來鏈結九州，並期待能向外傳遞九州的魅力。

就如同書中所說，他念茲在茲的是如何能夠傳遞來自九州的訊息，並能夠因而召喚更多的連結。村岡先生雖來自故鄉宮崎，但不只是這裡，而是期待能夠擴大成一個九州共同體，這番概念似乎與我在台灣倡議，不要以鄉鎮尺度為單位，至少要擴大到一個群，甚至縣市，有著異曲同工之妙。他會有如此想法，絕對有來自於商業上的規模及品牌影響力的考量，期待能夠創造更大的影響力來活化並壯大故鄉，而我也相信這是源於長年投入後的反想及覺悟。

這也更讓人相信，村岡先生一路走來的創業歷程，都是為了家鄉的未來，誠如他所說的是為了「讓九州變得更有朝氣」而戰。在這樣的脈絡下，無論是開咖啡廳、鬆餅店、酒吧、廢校活化、研發諸如吐司及霜淇淋，甚至經營九州島選品到近期於台北金華街開賣最新產品瓦芙等，系列原創商品的用意，都是為了透過九州優質的農業加工品，真實地傳遞在地的美好。

必須說，一路走來雖然困難重重，村岡先生總能如日本四字熟語「七転八起」所形容般，充滿鬥志及衝勁的一路向前，無論遭逢何種挫折，都能在使命感與故鄉愛的驅動下，持續修正向前，實質展現了一位具有高度企業家精神的在地實業家之責任感、創生思維與意志力。

村岡先生真的是個「九州傻瓜」嗎？我想到了日本有句名言說，「要活化一個地方需要三種人，那就是年輕人、傻瓜，以及外人」，很巧地，我們正清晰地從村岡先生身上看到這三點。

首先是「年輕」。你很難想像，年過五十的他，在疫情之前是何等活躍，時而九州，時而東京，偶而台北。記得兩年前我最後一次去福岡出差，就這樣和他約了在車站旁喝一杯，年輕絕對不是年紀，而是心態、鬥志與活力。

再來是「傻瓜」。就如同他自我調侃的，老實說依照他的能力，早該去東京或大阪發展，但九州甚至說宮崎永遠是他的命定，持續地投入，期待能以身為度，讓故鄉能抵抗時代的洪流，活化有未來。

最後是「外人」。有別於其他在地商人，精通外語、擁有不少海外經驗又長期過著空中飛人生活的他，總能運用不同的視角看待自己深愛的熟悉之地，因而造就了如此靈活且創生的營運模式。

這位結合三項特點的九州狂熱分子腦海裡頭，總有許許多多新點子，走過社造的困境，經營過連鎖品牌之後，最終期盼的依然是用故鄉風土種出的高優質物產，振興故鄉的命運。

這不是一本創業成功人士或是創生英雄的傳記，卻是一本值得細細思量的在地實踐真言錄，村岡浩司先生將他一路走來的歷程化為文字，讓大家更加親炙地方工作現場的真實，沒有任何僥倖，只有努力，更努力，又因為是愛鄉者，所以具有多一分的命定，並同樣展現在一路走來的行動韌性中。

誠摯推薦，我最尊敬的兄貴——九州愛鄉實踐家村岡浩司先生的大作《九州傻瓜的在地創生創業論》，期盼這本新書帶給正勇敢投入在地實踐行動的朋友多一分勇氣與對於實踐的命定。最後也衷心期盼疫情早日落幕，相信活躍的村岡先生將再度頻繁出現在台灣，期待能有更多人，如同我一般，可以與這位創生前輩，在台灣及日本多地之間，不期而遇！

致台灣友人

在夏季的桃園機場降落之後，一走出航廈，就能感受到全身被亞熱帶氣候特有的悶熱溼氣所籠罩。坐進冷氣很強的計程車前往台北市，開車技術又好又快的計程車司機總是很親切，服務很好地將我送到飯店。為了品嘗最愛的台灣食物，我總是不吃飛機餐，刻意讓自己餓肚子，一完成飯店入住手續就立刻去路邊的餐廳用餐。充滿海鮮高湯滋味的細麵，洋溢著八角香氣的滷肉飯，夜市現烤的胡椒餅，光想到這些食物，我整個人都興奮了起來。

自從與蔡景明這位來自台灣的事業夥伴相遇後，我曾經多次飛到這塊土地，也因此認識了不少好友，每次來台灣都有回到另一個故鄉的感覺。

二〇一五年一月，「九州鬆餅 Cafe」台北富錦店開幕了，在當地人的愛護之下，今年已是營業第七年。由蔡先生引領的台灣九州鬆餅家族在台灣全國小學舉辦了七十次的食育教室「九州鬆餅愛分享」。希望在台灣建立感謝眼前食物，遙想農夫辛勞的文化，並在台日之間搭起友誼的橋樑，這些也都是這項活動持續舉辦的原動力。

二〇二〇年春天，誰都沒料到 COVID-19 會在全世界蔓延，我們也遇到了難以想像的困難。蔡先生充滿決心地說「我們一定會保護九州鬆餅的文化」，雙方工作人員在這段台日無法順利往來的時間一起克服了艱困的經營環境。一如「拍斷手骨，顛倒勇」（換成日語就是「失敗は成功のもと」〔失敗為成功之母〕）這句台語俗諺，我堅信，人會在遭遇困難或挫折之後變得更強。

在許多台灣朋友的照顧之下，我的著作有幸以繁體字問世。這本書提到「九州鬆餅」誕生的許多祕辛，也提到了得以在台灣開店的故事。我在書中回顧自己經歷了哪些失敗才得以一步步成為企業家的歷程，同時也有許多為年輕企業家打氣加油的內容。

熱愛故鄉，尊重自己的文化與個性，想著手解決社會課題，擁有 Social Good 想法的社會創業家愈來愈多，這個世界也會因此愈來愈美好。我相信如此豐盛的時代終將到來，也希望這本書能助剛剛踏出這一步的企業家一臂之力。

前言

就當個「九州傻瓜」吧！

我超喜歡九州，只對九州有興趣。說得極端一點，就算只剩下九州也沒關係。九州是我土生土長的故鄉，所以我的立場就是透過商業活化九州。

就算和朋友、夥伴聊天，聊的也都是九州的話題，而且總是愈聊愈激動，完全停不下來。有時朋友會有點驚訝地笑我「村岡，你真的很喜歡九州耶」，而我的回應每次都一樣。

「我也不想這樣啊，但我就是個九州傻瓜嘛！」

聽起來有點自謔與自嘲。不過呢，我最近認真覺得「這樣很好」。

我在九州各地都有獨愛在地社區的夥伴。「該怎麼做才能讓九州更有朝氣、更加豐富呢？」」，這些夥伴從早到晚都在想這個問題，也為了這個目的採取行動。

為了效法夥伴，我所有的事業都源自「讓九州變得更有朝氣」這個想法，心中那些關於創業的思考或行動都以九州為主軸，一切的一切都濃縮在這個想法裡。

這個想法的起源是我的公司曾經開發原創商品「九州鬆餅」。

九州是物產豐隆的島。二〇一二年十二月，我從九州各個角落蒐集穀物，開發了綜合鬆餅粉，並將成品命名為「九州鬆餅」。

二〇一七年十二月，這項商品在日本國內三百間超商與零售店銷售，在美國也有十三間日系超市販售。此外，冠上「九州鬆餅」品牌名的「九州鬆餅 Cafe」除了在總公司宮崎縣宮崎市設立，在台灣設立了兩間，在新加坡設立了一間，也在九州的佐賀縣武雄市兒童圖書館內開了一間。二〇一八年之後，又在台灣與中國增設了門市。

自九州鬆餅誕生以來，已經過了九年多。這段期間，我不斷走訪原料產地、拜訪生產者，在九州這塊土地走了整整十二萬公里以上，距離足足可繞地球三圈。

明明已經如此奔波，九州仍然帶給我許多驚豔的發現，樣貌多變的大自然與風土更是美不勝收。如果全世界能有更多人了解我所鍾愛的九州，更多人嚮往住在九州的話，我一定會開心得無法自已。

而我能做的，就是透過原創產品與服務呈現九州在地魅力，不斷催生冠有「九州KYUSHU」的品牌。我相信自己做得到，也不斷地挑戰這件事。

我高中一畢業就離開了自小長大的宮崎市，前往國外體驗不同的生活，見識這世界充滿刺激的每個角落，並在留學的美國首次創業。

隨著年紀增長，我慢慢懂得欣賞原本討厭的宮崎，如今已把宮崎視為最終的安身之地。但不可否認，對我來說，宮崎就像個小池子，不足以讓我談論事業或人生。

著手開發九州鬆餅時，我發現日本有許多冠上地名的本土品牌，地域品牌卻只有北海道一個，也發現九州的物產非常豐盛多元。

當我將這些事情放在一起思考，便發現了全新的機會。

「若將地域未經整合就難以展現魅力的九州視為『一個島』，重新定義九州的價值，會得到什麼結果？能不能催生出超越在地的地域品牌？」

「原來除了宮崎，整個九州都是我的故鄉，也是我該守護的起點！」

當我發現了九州這股潛力，渾身上下彷彿有電流經過；當我相信有可能在九州長眠，也總算感受到在這座島出生與成長的喜悅。

三十幾歲的我開始積極參與社造，有一年與商店街夥伴一起舉辦了三百場以上的活動。

社會環境急遽變化，有待解決的地域課題總是堆積如山，我親眼見證了不管怎麼努力，市中心仍漸漸失去活力，變得淒涼冷清的現實，也總是覺得什麼忙都幫不上的自己很無力。

「地方」一詞出現幾年之後，常見使用輔導金舉辦活動，但這類活動就像一時的煙火，無法從根本帶來活力。話說回來，要定義「活性化」這字眼就必須先釐清「由誰來做」這個主詞，以及「為了什麼而做」這個目的。由商店街的發展與市民的消費衝動編織而成的「大量消費的時代」已經結束了，該如何定義「活性化」因之成了真正困難的問題。

偏鄉的人們只要生活過得不好，就會立刻尋找造成問題的罪魁禍首，可是就算真的揪出該負責的人，把錯推在別人頭上也無法解決問題。該做的是接受眼前的現實，並且踏出下一步，積極地解決問題。

如果每個人都知道自己的立場，為了地域盡一己之力，就算一個人的力量很渺小，也能匯聚成一股強大的動力。

身為創業家的我想創造新的商機，為地區注入活力。我的父親最初開了一間壽司店，後來將店擴張成有限公司「一平」，我繼承公司之後，一邊守護著公司，一邊透過新事業讓公司成長，再將業績與利潤回饋給地方，盡力維持「人、物、事」不斷輪轉的良性循環。

這本書的日文副標題為「與世界連結的在地創生創業論」。對日本人來說，「地方」一詞有種莫名的排斥感。東京人口中的「地方」意指「東京以外的地區」，而且也不假思索地使用著這個字眼，因此讓「地方創生」一詞帶有以東京為主體，從中央俯視日本全國的印象。

將中央政府蒐集到的「社區營造成功實例」不分青紅皂白地套用在各地的做法已經開始出現破綻，接下來該做的是以各地域為主體，根據在地文化創造獨一無二的未來。基於這個理念，我選用了「在地創生」一詞。

此外，在我描繪的「創業論」中，「創業」不一定等於「開公司」、「自立門戶」。心中充滿熱情、不斷改革社會的改革者，與跨越每個時代的險阻，勇於創新、勇於透過商業改造社會體系的創業家，都擁有所謂的「企業家精神」（entrepreneurship），而我口中的「創業」就包含這個精神，是一個非常廣義的字眼。

能在看不見未來，環境變得僵化與複雜的社會之中，質疑現有概念、開創新時代的在地創新者都擁有達成目標的滿腔熱血，除了創業者與經營者，公司或組織的成員、公務員或是失業的人，都應該學習這種企業家精神，才能於渾沌不明的未來存活。

隨著科技不斷發展，我們很難預測一年後的未來會有哪些變化，身處這個變化迅速的時代中，創業者可透過自己打造的商業模式淘汰既有的商業與社會模型，並且讓全新的商業模式與社會模型產生新的價值與不斷成長。企業家精神就是實現這個流程的基石，簡單來說，企業家精神就是「創新的強烈意志」、「擘畫事業的能力」與「建構經營資源的能力」。

眼下正是需要能夠挑起地方創生重擔、擁有熱情與企業家精神的年輕改革者挺身而出的時代。他們將重新發現與定義在地魅力，藉此推動改革，並與每個人攜手合作，打破民間與行政組織之間的藩籬，成為地區發展的催化劑，開創一個繼平成之後，豐盛的新時代。如果我的親身經歷能做為這些次世代領袖的範例，那將再榮幸不過。

社會結構不斷變化，僅僅承襲過去經驗的商業手法將無法賺取足夠的利潤。之前僅憑生活圈的營利就能存活的公司也不一定能在五年之後賺到相同的利潤。為了在地區創造就業機會、打造不斷循環的經濟，必須擴張市場，「在外地賺錢」。我們應該擺脫都道府縣或市町村這種被看不見的邊界畫地自限的單位，將視野放大至更為寬廣的區域。每個人都必須敢於改變心態的時代也將來臨。

我的公司位於宮崎市外圍、人口約為一萬兩千人的高岡町，辦公室則設在由廢棄小學重新改建的舊校舍中，因此我以這所「穆佐小學」之名，將此地命名為「MUKASA-HUB」。這裡除了具備總公司的行政機能，還有租賃辦公室與共同工作空間（從事不同工作但共用辦公室與會議室的空間），我希望打造一個不同年齡與立場的人都能前來彼此交流與創新的創意空間。

日本各地的小鎮都面臨人口減少、經濟規模縮小的問題，而這些問題彷彿日本的縮影。我這間位於小鎮的小小公司正透過以九州全縣素材開發的九州鬆餅，不斷地向全世界發出挑戰。「如果我們能於全世界作戰，那麼誰都能和我們一樣。我想證明在地能與世界直接連結」，我與唐吉軻德擁有相同的情懷。

二〇一〇年，口蹄疫災情襲擊宮崎縣，整個地區的經濟頓時陷入麻痺，我的公司也面臨倒閉危機。不幸的是，屋漏偏逢連夜雨，二〇一一年一月，位於霧島山麓的新燃岳火山爆發，二月又爆發了禽流感。正當我不斷問自己，為什麼只有宮崎一直受苦，心情跌到谷底時，三月十一日，三一一大地震爆發，日本全國陷入了艱困。更慘的是，二〇一六年四月十四日發生熊本地震，我的公司與在地人士也遭受重大打擊。

面對難以避免的自然災害，我們學到了一件事：人與人互相支持的「羈絆」與「同理心」會產生新的邂逅，而這些邂逅有時將成為改革社會規範、開創新時代的契機。

評論豐足與否的標準不只是金錢，但在各縣市的情況都將更加嚴峻的時代裡，我與在地經營者為了維持公司的健全，必須在各地區創造全新的商機，也必須期許公司能成長為足以支撐社會的中流砥柱。

不管發生什麼事，我的活動據點永遠都是宮崎，為了在這個我最喜歡的小鎮活下去，那幾年我被迫如此強化自己的心理建設。

我決定透過這本書揭露自己之前遇到的煩惱、掙扎、痛苦，以及一邊跌倒，一邊前進的每一天，也鉅細靡遺地揭露公司那些彷彿在泥巴之中打滾的挑戰。在九州邊陲的宮崎小鎮生活的我，希望透過這本書讓大家明白，我是如何賭上餘生，測試自己的創業理念，以及找到商機的方法，還有建構商業模式的思考方式，也想簡單易懂地說明我透過企業家精神改革公司的過程。

我希望自己接下來一直是個九州傻瓜，我該獻上人生，盡力呈現的主題，自始至終都是「九州」。

到目前為止，我與九州的夥伴毫不吝嗇地分享了彼此的創意與靈感，也因此在想法上迸出了火花，我們不斷地探討「地方創生」的新形態並用盡心血，追求著新時代的豐足，我秉持著對九州夥伴們的尊敬寫了這本書。

此外，我要將這本書獻給在日本每一個角落用心守護故鄉，致力於社區營造的活動人士、在地創新人士，以及聲援他們的每一個人。

只有每個人都為自己所愛的故鄉著想，故鄉找回活力，日本才有未來。

對此，我深信不疑。

目次 Contents

第二章 咖啡館與社區營造

第三章 只想利用九州素材打造的每日美味

第五章　成為連接在地與世界的樞紐

第一章

在地創生創業的建議

我們的「故鄉」有何魅力？
在這片土地才有的風景中，一定藏著大量線索。
我的「故鄉」、我的「根源」，就是九州這座大島。
為了讓九州找回活力，我與夥伴不斷尋找靈感。
最終創立了事業，也讓事業步上軌道，九州也因此變得更有趣。
解決地域課題，讓每個人擁有笑容後，
這股活力除了是生意上的成果，
也帶動了下一波成長。
這簡直就是讓地區變得更加富足的快樂循環。
在這個環境之中的我、我的公司、我的夥伴以及九州，
也將變得更有活力與幸福。
這一章將為大家介紹「在地創生創業」的基本知識。

為什麼是「在地創生創業」？

●利用獨特的想法開創新產業，賺取外匯，再回饋故鄉，為故鄉注入活水的生態圈，就是所謂的「在地創生創業」。

●培養解決在地社會課題的社會企業家。關鍵在於培育產業，而不只是創造就業機會。

在網路搜尋「在地創生」一詞，可看到不少被譽為成功的實例，但實際走訪這些地區，傾聽扮演在地創生要角的意見就會發現，這類專案只是外表看似華麗，參與者都面臨了許多尚待解決的課題與糾葛，也會告訴你社區營造有多麼困難。

這些人絕對不是為了在國家或行政機關的報告留下紀錄而投身「在地創生」專案。他們都是希望自己的故鄉能找回活力而投入，並經過多年努力之後，才有了現在的成果。種種努力往往無法只以這幾年的成果解釋。

為了讓自己的故鄉變得更有活力，讓在地居民能夠長久安居樂業，因而長年奉獻自己、努力於社區營造的活動家真令人敬佩，我也想支援以商業行為解決地區課題的在地新創企業與不斷奮鬥的創業家。

「在地創生」一詞是對全日本一邊掙扎，一邊持續前進的在地社會活動家的鼓勵。這些人為了讓商店街找回往日繁榮而全力參與社造。但不管舉辦了多少次活動，也不管將行政機關提供的輔導金與就業輔導金投入了多少項事業，在這個郊外不斷冒出大型購物中心，周遭環境急速變化的時代中，往往得不到理想的結果。偏偏在這苦不堪言，猶如在黑暗隧道中徬徨的日子裡，口蹄疫與新燃岳火山爆發，進一步重擊了宮崎的經濟。

左思右想後，我得到了「利用九州的素材製作在地產品」這個答案。我要讓這個事業茁壯，再利用這個事業重振公司與創造新產業，藉此從其他地區賺錢，再將利潤回饋給宮崎，為故鄉注入活水。待這項事業成功，就能找到另一種回饋故鄉的方法。我暗自如此期許。

二〇一七年六月的資料顯示，東京都餐飲業界的有效徵才倍率為二點零四，廚房從業人員為五點七九，餐廳外場人員為七點五八。在其他縣市同樣缺乏人力的今日，我認為日本各個地區真正需要的不是「就業機會」，而是培育「創業家與經營者」。若各個地區能有更多一級產業到三級產業，以及兩者合併的六級產業的創業者，以及有更多的新興產業茁壯，就業機會自然就會增加。

透過跳脫現有框架的創意產業，帶動商機，為陷入窘迫的社會問題提出新解方的人被稱為「社會企業家」，我覺得日本全國的小鎮或地域需要許多這樣的人。

我自己是為了參與在地創生而投入食品製造加工業，也不斷努力創造新商機與新品牌。我希望能有更多人造訪我土生土長的地方，我的故鄉「九州」。

我打造的品牌一定都會冠上地名「九州」。我想讓更多人知道九州各地物種的魅力，並將九州這個品牌推廣至外國，藉此帶動九州的觀光事業，讓更多人來到九州。如果這個品牌能夠加速成長，就可以增加就業機會，還能以不同的面向回饋鄉里。

比方說，住在上海的女性首次造訪冠有「九州」一名的咖啡廳，在這間咖啡廳吃著我們開發的九州鬆餅，度過一段幸福的時光。從這一口鬆餅創造的利潤說不定會輾轉流入某位想為九州或九州的產地帶來活力的人手中。光是想到這點，我整個人就興奮不已。飲食的世界沒有政治，也沒有意識形態，我們獻上的九州鬆餅與讓人笑逐顏開的用餐時光將遍及全世界。

我希望這股對故鄉的愛能就此扎根。可以的話，我希望將解決在地課題的手法納入事業當中。

不可否認，我在故鄉獲得了許多關愛，長大後的我也想在這塊土地賺錢與成長。我把透過打造商機讓利潤回流故鄉的生態系（商業生態系）這整個過程，稱為「在地創生創業」。

看清自己的「老家」

● 所謂的「老家」、「故鄉」是指土生土長的場所，也是與你同甘共苦的夥伴居住的地方。

● 「老家」、「故鄉」是我們該守護的地方。從「該怎麼做，才能讓故鄉變得更有趣、更有活力？」和「該怎麼做，才能對故鄉有所貢獻」這兩個問題尋找商機。

我希望大家以「在地創生創業」為起點，思考自己的「老家」到底在哪裡。「老家」一詞可換成「故鄉」。你的「老家」、「故鄉」到底在哪裡？

我在宮崎縣宮崎市出生與長大。雖然一度離開，最終還是回到宮崎市繼承家裡的公司。對我來說，宮崎這個小地方肯定是土生土長的故鄉。

如果硬要多加一個註解的話，所謂的「故鄉」是「能互相傾訴真心話的夥伴所居住的地方」，也就是能打從心底信賴的人，以及「想和這個人一起努力下去」的人住的地方。

從一起絞盡腦汁，一起流汗、一起努力振興小鎮的夥伴在此這一點來看，宮崎小鎮肯定是我的故鄉，但我覺得我的「老家」不只這個小鎮。

現在的我在九州每個地方都有苦樂與共的重要商業夥伴。只要遇到困難，隨時都能找他們商量，如果他們遇到困難，我也會毫不猶豫地獻上自己的時間與力量。由於整個九州都有能夠全心信賴的夥伴，九州就成了我的故鄉與老家。

我一直覺得，「將九州假設為一個國家」並從高處俯瞰這個國家的風景，似乎是件很有趣的事。以「One Kyushu」的規模來看，九州擁有足以媲美全世界的市場，若再加上沖繩縣，人口足足超過一千四百萬人，而且這座「島嶼」與國力不斷提升的亞洲各國鄰接。我認為接下來該做的事情是整合產業界，並將零碎的行政資源視為一股龐大的力量，也必須搭上亞洲各國的順風車，重新與亞洲各國建構共存共榮的關係，讓這塊土地永續發展。

日本全國有許多人和我一樣喜歡自己的故鄉，例如有些人高喊「我最喜歡北海道」，有些人認為「東北地區才是最棒的地方」，有些人則覺得「自己的根源在四國」。這些人眼中的北海道、東北地區或四國，就像我眼中的九州，只有當我們全力守護自己的根源與老家，日本這個國家才能找回活力。

將九州視為老家的我認為，整個九州就是我的故鄉，也是事業的起點。創立新事業時反問自己「該怎麼做才能讓整個九州變得更有趣」也已經成了我個人的習慣。

考察在地潛力

● 徹底了解故鄉，在地創生創業才能啟動。
● 重新發掘在地資源，創造只有在地才有的商機與全新的工作方式。

過去日本曾因泡沫經濟陷入瘋狂，一九八八到八九年間，日本政府為了振興各地，曾制定「故鄉創生事業」政策專案，補助每個市區町村一億日元的專案執行經費。雖然該專案常被當成浪費資源的典型案例，但當時各地行政機關人員的確為了「振興自己的故鄉」而絞盡腦汁。

隨著時代變遷，現在已是少子高齡化、人口不斷減少的時代，於二〇一四年做為政策之一的「地方創生」，是為了導正人口過度於東京集中的現象，以及從各縣市再造國力的公辦事業。受到國家號召，各地方政府與大企業紛紛啟動「地方創生」專案，藉此阻止各縣市的人口減少，提升整個日本的活力。

隨著參與的相關人士愈來愈多，「產學官金勞言」一詞誕生了，也就是產業、學界、官方、「金＝金融」、「勞＝勞工」、「言＝熟知各縣市狀況的大眾媒體」。簡單來說，就是各界人士合力推動此政策專案，也迫使所有在地負責主導的人都必須全力參與。

我覺得地域的活化不能只靠號召或訴諸感情。町或村這類規模較小的地方行政單位無法阻止人口減少與老化的現象發生，而且每個人對於「富足」的定義都不相同，擴大經濟規模也不一定就是絕對的正義，但現代的確是財源枯竭，性命與生活都受到深刻影響的時代。

今後的地方政府已經無法只憑行政力量或智慧維持現狀。有許多工作將被進化神速的ＡＩ與其他科技取而代之，傳統事業也將被迫轉換經營路線。在這個資訊通訊技術（ＩＣＴ）不斷進化，被喻為「第四次產業革命」的分歧點上，各地都將產生規模小、概念新的公司，在不同的領域解決社會課題，創造社會影響力的商機也將如雨後春筍般冒出頭來。

讓我們更了解故鄉，重新發掘在地資源吧。讓我們創造只有在地才有的商機與前所未有的工作方式吧。

為了透過「在地創生創業」的方式回饋故鄉，必須先徹底了解這塊自己居住的土地。

假設將「九州」這塊土地看成事業素材，九州到底有哪些特色、強項與魅力呢？又有哪些未開發的潛力呢？九州目前的課題又是什麼？只有研究上述問題，從不同面向了解九州，才有機會找到答案。

九州的總面積約四萬兩千兩百三十一平方公里，與台灣的面積相當，是全世界第三十七大的「島嶼」。總人口約一千三百萬人，占日本全國十一點四％（二〇一四年十月資料）。GRP（地區生產總值）為四十七點五兆日圓（二〇一二年度資料），占日本全國九點五％，電力消耗量、零售業年度營業額、地方政府財政規模與其他主要的經濟指標，都是日本全國一成左右，可以說，九州的經濟規模大概是日本總體經濟規模的「一成」。

聽到「一成」，或許大家覺得規模不大，但如果與其他地區比較，人口或GRP僅次於關東、近畿、東海這三大都市圈；若與各縣市比較，九州是經濟規模最大的。若將二〇一二年度的九州GRP換算成美元，差不多是五千七百一十七億美元；若與最近的全世界GDP比較，這個數字差不多是第二十名（根據公益財團法人九州經濟調查協會網站資料）。

換言之，要是把九州視為一個國家，經濟規模絕不比世界各國遜色，也代表九州仍有相當的商業潛力尚待發掘。

一如「九州只有一個」這句口號隱含著「九州分裂成好幾個」的嘲弄，九州的現況就是各縣各自為政。我覺得我們不該囿於縣市町村這種小小的行政區劃，而要放眼整個區域，呈現整個九州的魅力，以及創立屬於整個九州的商機或品牌。

發掘在地資源的價值

● 走遍故鄉，接觸在地資源，親身感受在地價值。那些尚未具體成形的在地價值將成為在地創業的靈感。
● 不斷強調在地價值，不斷將這類訊息傳遞給受眾，在地品牌就能慢慢茁壯。

與客觀資訊同樣重要的是體感資訊。這是親自走遍故鄉，與在地居民接觸，親自感受在地現況才能獲得的資訊。當我們親身體會這些事情，就有可能在內心被感動的地方找到新價值。

由於新幹線與交通網的貧乏，宮崎向來被戲稱為「陸上孤島」，而在宮崎經營事業的我，每個月都驅車走遍九州各角落的產地或工廠。雖然每趟車程都花了不少時間，卻也讓我察覺許多事情。比方說，離島不算的話，縱貫九州南北的車程約為五個小時，橫貫東西的車程則約三個小時，距離算是剛剛好。擁有各種氣候與自然風景的九州是日本少數擁有各種動植物的島嶼。我認為這種「多元性」正是九州的特徵，也是九州的強項。

以有栽培北限的柑橘類為例，東北或北海道只能種出蜜柑，但如果是熊本縣的話，除了種得出蜜柑，還能種出不知火、甘夏、珍珠柑、晚白柚、金柑、醋橘、臭橙、香橙這些品種，種類之豐，數不勝數。

若將視野從柑橘與其他水果放大至穀物、蔬菜、藥草、香草，九州是日本最多植物，農業資源最豐厚的島嶼，即使與亞洲其他國家相比也是一枝獨秀。

揉合這些農業素材之後，能夠創造出什麼呢？明明有用不完的點子，為什麼沒有足以代表「九州」的餐飲業，為什麼當時還沒有九州這個品牌。

反過來說，這些農業素材藏有相當的潛力，而我挑戰的就是這個部分。我希望透過素材、團隊、生產據點以及對九州的愛，打造一個百分之百源自九州物產的九州品牌。

「品牌不是由宣傳方建立，而是於受眾方形成。在這個社會中，打造鮮明的角色，創造差異，不斷地進行宣傳，就是所謂的品牌塑造策略。要能持續打造品牌，必須有源自本質的價值做為後盾。」

上述是設計九州鬆餅企業標誌的設計師日高英輝告訴我的一番話。

這幾年的在地商品或地方政府宣傳活動多數都以「宣傳方」為出發點。在社群網站「爆紅」或以爭取「按讚數」為目標的在地宣傳影片與廣告雖然具有一定的爆發力，卻沒有能夠在受眾心中留下印象的價值。

要找到能在受眾心中留下印象的「價值」或許需要毅力與勇氣，不過，若無法擺脫「只要自己夠吸睛、夠棒就好」的短視近利，無法得到整個區域的認同與協助，無法細水長流投入，恐怕就無法培育在地品牌。我希望試著以整個九州打造在地品牌。

察覺「全世界之中的故鄉」

- 跨越市町村、都道府縣這類行政區域與國界，從全世界的角度重新認識與宣傳在地價值。
- 當整個事業在全球化市場大幅成長，故鄉也能等比例地復甦。

名為國境的高牆分割了世界，各種對立與鬥爭也由此而生，但是對創業家來說，國境或民族這種高牆毫無意義可言。

跳脫「日本」這個框架，以俯瞰的角度觀察自己的故鄉在「全世界」具有哪些特性、定義，與外國建立了哪些關係，可說是件非常重要的事。日本目前已進入世界罕見的人口減少階段，地方都市亦很難期待今後再有爆發性的經濟成長。一旦地方都市縮小，國內市場隨之縮水，互相爭食國內市場的中小企業將難以茁壯。若想打造全新的事業，培育在地產業，就不能受限於國境這堵高牆。

我的故鄉九州自古與亞洲關係密切。每當我與九州，尤其是福岡的創業家對談，總像在聊鄰村的事情般聊著亞洲各國的話題。

如果拿掉縣、市町村這些行政劃分，將九州視為一個共享未來的集合體，那將是一件多麼有趣的事情呢？整個九州將一起討論、創造與提升「九州 KYUSHU」的地區價值，同時讓整個世界知道九州真正的價值。我向來覺得若能重新劃分整座大島的行政區域，就能獲得與世界抗衡的潛力。

自古以來，九州就是日本與東亞各國交流的門戶，九州人也不斷地與這些國家交流，文化因此呈現出多彩多姿的樣貌。由於九州人都住在同一個島上，自然擁有許多共通之處，例如擁有相同的方言、信仰、生活形態與習俗，所以不管去到世界哪個角落，只要一知道對方是九州人，就能立刻敞開心房，也會因為「都是九州人」而覺得該互相幫助。

另一方面，每當我走進台灣或香港的小巷弄總有種懷念感，也不自禁地覺得亞洲的傳統活動都有一些「文化的共通之處」。九州自古不斷與亞洲各國交易、交流，對於這段歷史投射的鄉愁以及同為九州人的羈絆，或許正是九州人獨一無二的標誌。

基於上述想法，我想以「OISHII」（好吃）這個價值消弭九州的國界。以九州全縣素材製作的九州鬆餅遠渡重洋，讓已成為國際語言的「OISHII」以笑容與幸福串連整個世界並成為和平的象徵，就是我所刻畫的遠景。

幕末的薩摩藩震懾於英國先進的文明，儘管對方是交戰國，還是派了年輕人前往英國學習。這些日後被稱為「薩摩Student」的年輕人也在明治維新之後，成為新生日本的棟樑。

在實施鎖國政策的日本，留學被視為一種背叛，薩摩的人們卻甘冒風險也要前往外國留學，因為他們認為，只有這麼做才能讓國家變得更好。這股獨立精神與行動力同樣深植於九州人的DNA之中。敢在國難當頭之際率先喊出「從九州先開國」，正是現代的我們應該繼承的氣概。

我希望在九州誕生更多地域品牌，能夠動態地與亞州各國交流，透過商業與不同文化的人進一步互相理解，同時擁抱全球化的多元性。我相信，不管今後的日本經濟如何發展，只要與亞洲鄰接的九州能與不斷成長的亞洲各國進行經濟交流，九州一定能夠不斷地成長。

如果能將「在地」才有的特徵打造成商機，找到足以與世界抗衡的原創性，就有可能在全球化市場尋得成長機會。能在全球化市場大幅成長的話，最終也能為故鄉注入活水。我覺得不斷地描繪這類遠景，以及為此採取行動，是以在地創生為志業的創業家該有的使命，也是創業的趣味與精髓所在。

讓「理所當然的事」變得清楚可見

● 正因為是當地人眼中「理所當然的事」，從外界來看，這些事情都具有成長為「品牌」的價值。
● 讓潛藏在「理所當然」之中的本質之美變得具體可見，再不斷宣傳，就能培育品牌價值。

尋找在地價值，讓這些價值化為品牌時的關鍵之一，就是讓「理所當然的事」變得具體可見。

我們身邊環繞著許多事物，有的每天接觸，有的偶爾接觸，而我們往往將這類事物視為「理所當然」。但我們應該重新檢視這些太過熟悉以至於忽略的「理所當然」。

若從外界來看，當地人眼中的「理所當然」其實非常值得關注。這些事物的歷史通常非常悠久，所以才被視為「理所當然」，又因在地人經常接觸，本質自然非常豐富，因此能成為足以象徵在地的特徵。正因為是被視為「理所當然」的事物，所以才有可能成為在地品牌。

我在構思九州品牌時，總會參考「北海道」這個競爭對手。每當我抵達新千歲機場，就會看到一堆零食製造商爭相宣傳已成長為全國知名品牌的商品。

我認為北海道品牌的共通價值是「酪農」。提到北海道，我們就會想到可愛的乳牛正在吃草，或是在遼闊的牧場悠哉散步的風景，這種貼近酪農真實生活的情景成為北海道的一大魅力，也撐起了北海道這個地域品牌。「北海道霜淇淋」、「北海道生焦糖牛奶糖」、「北海道起司蛋糕」，統統都是將在地認為理所當然的酪農魅力轉換成商品價值的絕佳實例。

實際上，北海道酪農生產的牛奶與乳製品都是調整日本相關供需的重要商品，尤其用於製作乳製品的北海道生乳更占了日本國內市場八十%。另一方面，一想到北海道，牛群在廣大草原散步的光景就會浮現腦海，但放牧型酪農在北海道整體酪農的占比不過十%，換言之，上述光景不過是刻意營造的想像，卻能讓消費者產生無限想像，也賦予商品相應的附加價值，帶動了北海道的觀光產業與各種產業。

九州又如何呢？如果北海道的象徵是「殷實的酪農」，那麼對我來說，「多元而豐富的農業資源」正是能生產各種穀物的九州之價值所在，孕育這些穀物的自然風景同樣也是無可取代的價值。

對於住在九州的我們而言，享用新鮮的蔬菜、海鮮、肉類，隨季節享用各種水果是「理所當然」的事，但若放眼全世界，產地與消費地距離如此之近，物產如此特殊又多元的地區其實非常少見，真要說的話，我們簡直住在「飲食的天堂」，沒辦法讓這點化為品牌，或許正是九州的遺憾。

九州擁有美麗的四季與農園風景，我們該做的是讓這些「理所當然的豐富事物」變得更具體可見，這也是打造地域品牌的趣味之一。

在日本各縣市中，北海道非常受歡迎，而且遠近馳名。若在分享照片的社群網站Instagram搜尋「#九州」或「#Kyushu」，會獲得六十九萬一千兩百二十七筆結果，但如果改以「#北海道」或「#Hokkaido」搜尋，可得到五百一十三萬四千兩百一十一筆結果（二〇一七年九月二十八日的搜尋結果）。

二〇一七年的九州約有一千三百萬人居住，北海道約有五百三十五萬人居住。北海道的人口雖然只有九州的四成，搜尋結果的數量居然是七倍以上，而且英文標籤

「#Hokkaido」的搜尋結果是「#Kyushu」的十倍以上，我認為，這完全足以代表北海道與九州的品牌知名度在國外的落差。

其實我經常聽到「九州沒有代表性的品牌，在九州沒辦法做生意」，但所謂的品牌不會從石頭裡蹦出來，一定是先有某個「理由」，品牌才會在漫長的歲月之中形成。就連北海道的品牌也是由多個被視為「理所當然」的事物揉合而成，而且經過許多人的努力與歲月的累積才得以遠近馳名。

我認為九州鬆餅的本質與價值在於九州農產的歷史、豐富的農產品、充滿日式風味的農村風景，以及與農業共存並行的在地生活。我希望向全世界宣傳那些我們珍惜的「理所當然」，以及潛藏在這些理所當然之中的多元本質。

冠上「九州」之名後能得到哪些絕對的價值？若能找出這些價值，並將這些價值化為品牌，九州應該就能成長為與北海道並駕齊驅，不對，甚至是超越北海道的地域品牌。我向來覺得九州絕對具有如此潛力。

「製造東西」之前，先思考「要傳遞什麼訊息」

●難以撼動的信念、對自家商品或服務的愛，以及企業家的一言一行，都是事業得以茁壯的基礎。

創業的時候，往往滿腦子想著「該製造什麼」、「該提供哪些服務」，所有注意力都放在內容製造這個環節，或是不斷思考「該怎麼賣出商品」，不斷地煩惱促銷方式。這些當然很重要，但在此之前，還有其他該思考的事。

那就是理念與概念。想透過商品與服務「告知哪些理念」或「傳遞哪些概念」是非常重要的一環。

沒有要「告知的訊息」或「傳遞的價值」，商品或服務就無法順利發展，更何況創業家自己若缺乏熱情，沒有「非傳遞不可的價值觀」，那是無法啟動事業的。我認為事業要能發揚光大，創業者必須深深愛著自家商品或服務，並擁有難以撼動的信念。

自詡為「九州傻瓜」的我，自認我的事業概念是「從九州蒐集各種優質素材，藉此將整個九州打造成一個商品」。我希望從不同的角度發現九州的美景、溫暖的風以及各種魅力，並且讓全世界都知曉。

除了我的事業所需素材全部來自九州之外，我透過這些素材前所未有的組合創造出全新的價值，並且不斷地宣傳其價值，藉此提升九州這塊土地的價值。

所謂的「素材」不一定是具體可見的東西。農業、林業、漁業的產物當然是「素材」，但當地的自然或歷史、傳統、文化這類人文活動，同樣屬於「素材」。

我之所以利用九州全縣的素材製作九州鬆餅，正是希望透過九州鬆餅，創造出大家圍繞著桌上的鬆餅，開心暢聊的快樂時光與回憶。

吃著九州鬆餅長大的孩子總有一天會離開九州，踏上屬於自己的旅程，如果他們能自豪地說「我們的早餐都吃九州鬆餅」的話，我的事業才算成功，也將是我個人莫大的喜悅。

傾地區之力推動的「造鎮專案」或是從過去的一村一品運動衍生而成的「在地品牌」也有一些成功的實例。有些地方小鎮確實以獨樹一幟的特點一決勝負。

比方說，高知縣馬路村就利用特產的日本柚子（香橙）製作了果汁、柚子醋、調味料與系列商品，並且成功在全日本打出知名度，讓馬路村成為日本柚子的代名詞，也徹底打響了日本柚子特產地這個品牌。

由此可知，讓「只有這個小鎮才有的特產品」、「這個村特有的知名文化」得到關注，就能成功打造小型的在地品牌。不過，全日本有許多開發相同商品的地方，想在這種擠滿競爭者的紅海（競爭激烈的既有市場），也就是地方創生的市場之中脫穎而出，簡直比中樂透還困難，建議大家最好先有這層認知。

創辦人（founder）對自家商品或服務投注百分之百的關愛，以及不斷地描繪「想要傳遞的訊息」，商品與服務才能具體成形。

需要的不是產品，而是產業

●在地創生創業的重點在於創造經濟循環，該創造的不是「產品」，而是「產業」。

在地創生創業有一個特別重要的重點，那就是在當地創造一個能夠帶動經濟循環的「產業」，而不是製造「產品」。只要製造出商品，產業不就能持續成長了嗎？其實不然。

熊本縣八代市是日本藺草的特產地，日本有九成以上的藺草都來自這裡。在地有生產與輸出藺草的廠商，也有自行編織疊表（包覆榻榻米板狀素材的墊子）的業者。八代市的榻榻米產業除了一手包辦從種植到製造疊表的流程，也透過傳統技術建立難以撼動的地位。

可惜的是，自一九九〇年代泡沫經濟之後，藺草的供需失去了平衡。在景氣沸騰的時代裡，國產疊表的產量不足，天然藺草以天價交易，宛如雨後春筍隨機冒出的住宅與大樓則創造了新需求，無法以國產藺草滿足需求的榻榻米業界便改以塑膠或植物纖維這類新素材大量生產榻榻米。等到後來景氣持續下滑，市場發生了削價競爭的現象，廉價的中國製榻榻米或其他國家製造的榻榻米也開始充斥整個市場。

我的公司經營的壽司店「一平壽司」不久前全面更換了店裡的榻榻米。當時榻榻米老闆跟我說：「有些人不喜歡榻榻米的味道，而且新素材的榻榻米只有藺草榻榻米一半價格，還能用得比較久，所以現在很流行使用這種新的榻榻米。」聽完之後，我不假思索地買了化學素材製作的榻榻米。在那之後，我才知道八代市的榻榻米產業是如何沒落的。如果當時的榻榻米老闆跟我說：「創業五十年的老牌壽司店要是用塑膠做的榻榻米，可是會笑掉別人大牙的喲。雖然價格要兩倍，還是建議你買藺草做的榻榻米。」我一定會開心地採購藺草做的榻榻米，只可惜一切為時已晚。

短視近利的業者讓容易銷售的廉價工業產品充斥整個市場，讓整個產業最重要的根基——生產藺草的農家一步步消失，最終也因此自掘墳墓。這就是榻榻米業界的現況。

另一方面，藺草生產現場的人雖然對自己的工作非常自豪，長年以來也不斷地改良品種，讓產地進一步擴大，但他們就算想在自己家裡完成採收與乾燥作業，也買不起作業所需的收割機、乾燥機與編織機，畢竟這些機器所費不貲。就算繼承了編織疊表的高超技術，就算買齊了要價不菲的各樣機器，現在也不是能回收相應成本的時代，這導致年輕人或企業不願進入這個賺不了錢的業界，後繼無人的問題自然愈來愈嚴重。

九州是我的故鄉。雖然以農業為基礎的榻榻米產業與我的餐飲本業完全沒關係，但如果有幫得上忙的地方，我願意盡一點棉薄之力，從旁協助榻榻米業者。一肩挑起日本藺草生產事業的八代位於九州，所以九州也是榻榻米文化的救命繩。我希望以門外漢才有的商業構想撐起九州榻榻米業的未來。以「外界的眼光」重新審視現存的框架或定義，以特有的視點重新建構榻榻米產業，讓榻榻米產業蛻變成成長產業。

被逼到走投無路時，就會踏上改革的道路。這是產業創新必經的流程，所謂的危機就是創新的轉機。

這是跳脫生產、加工、流通、行銷、公關這些業界框架，挑戰「事業重組」與創新的機會，也才能培育全新的成長產業。為此，不能再將「榻榻米」視為「產品」或「商品」，而是得放大格局，將榻榻米視為「產業」。

組合與揉合

●要讓潛藏於「理所當然」事物的本質或價值變得更具體，最有效的方法就是「組合」與「揉合」。方法雖然簡單，卻是效果顯著的創新手法。

距離奧地利經濟學者熊彼得（Joseph Alois Schumpeter）提出「創新」一詞已經一百年了，這個詞彙的定義卻絲毫未變。若以一句話解釋，創新就是「將A與B連結成新事物」的行為，若以現在的方式形容，驅動這類創新的人就是企業家，也就是創業家。

為了從零進步到一而絞盡腦汁是創業家的工作，但說「從零開始」，也不是真的從空無一物開始，而是組合與揉合現有素材，讓素材發生化學反應，再從中創造新的價值，也因此，第一步是先徹底蒐集與「故鄉」有關的資訊，找出那些「理所當然」的事物，再讓這些事物轉化為具體的在地價值。

九州鬆餅同樣是從全縣蒐集那些「理所當然」而開發的商品。九州本來就是盛產小麥之地，白米的產量也極為豐富，除了生產被譽為古代米的黑米或紅米，還生產各式各樣的雜穀米。長年以來，由在地農家生產的素材看似「理所當然」，而九州鬆餅正是由這些素材組合而成。

不過，在決定原料的比例時，為了徹底追求「日本第一美味的鬆餅」，可是一再試做，沒有半點妥協。「組合」雖是很單純的手法，但真的開始思考該怎麼組合的時候，就會發現其實有無限多種組合，至於該從何處著手，端看創業家的感性、想法與熱情。

我在為「九州鬆餅」命名時有一個小小的發現。

二〇一一年，為了開發商品，我買了全日本各家超市銷售的鬆餅綜合粉做研究，結果發現超市賣的都是「厚鬆餅綜合粉」，沒有「美式鬆餅綜合粉」。

另一方面，我發現在東京都心的咖啡廳或飯店早餐會場裡，美式鬆餅大受歡迎。進軍日本市場的美國鬆餅品牌「Eggs 'n Things」或「Original Pancake House」總得排二、三小時才買得到。我認為在這股風潮之下，大家口中的鬆餅將從「厚鬆餅」（hotcake）變成「美式鬆餅」（pancake）。當時的我便預測，超市架上的綜合粉也將變成「美式鬆餅」綜合粉。

這類稱呼上的轉變經常由「暢銷」熱門食品帶動。比方說，一九九〇年代初期於日本超商上架的低溫運送飲料「Caffe' Latte」，其實不過是將「咖啡牛奶」翻譯成義大利語而已，但經過了二十年後，如今仍是日本人熟知的長銷飲品。即使是看似飽和的市場，只要以全新的概念重新組合商品，市場就有可能因此活化，商機也沉睡其中。

小組織才會出現創新

- 不被舊有價值束縛的小組織更有創造新價值的潛力。
- 在創新這件事情上，「外行人」是優點。正因為不懂業界的常識，才容易發現本質與創造價值。

我認為「創新」在某些環境容易出現，卻也很難在某些環境出現。

大組織、腐朽的組織、僵化的組織似乎很難出現創新之舉。比起中央政府，地方政府更容易創新，中小企業這類小組織也蘊藏著豐沛的創新之力。

為什麼大公司或大組織比較難創新？答案是組織愈大，在各持己見的第一線從事創新的價值就愈低。

比方說，九州鬆餅在二〇一七年十二月邁入了銷售五周年，只有十位員工的公司花了五年，創造出年營業額高達數億日圓的市場。如果是年營業額兩千億日圓的大企業，可能會覺得我們創造的數億日圓營業額不過是零頭，這種規模的事業不值得耗費五年的時間以及多達十人的員工推動，因為毫無效率可言。

對於顛覆現有市場的驚人創意或有別以往的事業開發手法，成熟的大企業往往抱持著負面的看法，再加上新事業通常很難在短期內獲利，更難獲得整個組織的認同或是傾全公司之力推動，也因此在創新這件事上，往往會晚「不囿於舊有概念，敢於推出嶄新商品」的新興企業一步。

因為組織夠小，所以才能打游擊戰。如果能認識這點，像我這種小企業也有機會獲勝。

正因為有限公司「一平」是間小小的公司，才能以跳脫業界規範與框架的觀點，實現自由地組合九州各種穀物的創意，開發出九州鬆餅。此外，身為公司代表的我同樣以專案負責人的身分從事開發，所以才能投注這麼多時間與心力。

開發的過程當中，我當然也有「絕對不能失敗」的覺悟以及身為創辦人對商品的愛。我覺得有時被認為很任性，卻不顧一切拉著團隊抵達專案終點的領袖，是「催生」商品的必要存在。

就算聘請專業顧問，不見得就能開發出優質商品。推動新事業時，任何人都是外行人，我認為源自「無知」的創意與靈感都應該被珍惜。

雖然我是壽司店第二代，從以前就一直從事餐飲相關產業，但對鬆餅真的是一無所知，也從沒開發過這類商品，是完完全全的外行人。我連採購原料有多麼辛苦都不懂，只憑著「這個絕對可行！」的靈感就開始了這份事業。

若問「這樣不會屈於劣勢嗎？」，答案是不會。正因為什麼都不懂，我才能不顧羞恥地請教別人，也才能在遇到問題時不斷鑽研，直到說服自己為止。製造綜合粉的專家或是大量生產與銷售厚鬆餅綜合粉的製造商都有一套長年累積的理論或規矩，每年也有許多類似的商品誕生與消失。想在歷史悠久的製粉業界創造九州鬆餅這種前所未有的商品概念，就必須斷然採用前所未有的方式嘗試各種創意，以及打造一套創新的流程。過去的經驗往往會是阻礙新事物誕生的枷鎖。

完全不了解製粉業界的我一頭栽進了製造美式鬆餅綜合粉的世界。也正因為是外行人，我才能在開發商品階段就堅持不添加任何人工物，追求素材最原始的風味。

水平拓展商業模型

● 讓事業昇華為可行的商業模型，並與多位創業家分享，藉此在故鄉培育堅若磐石的產業。

創業家的任務之一就是讓公司不斷成長，在各地區創造就業機會。

為此，必須將親手打造的商業模型培育為永續發展的事業，並且透過開發的商品或服務向人們提供新價值，再讓更多人需要這些商品或服務。創業家也必須時時致力於創造新市場。只要能透過結果證明事業的可行性，就會引發一連串新嘗試。

以我親手開發的九州鬆餅為例，一開始只是為了能在家裡享用鬆餅而開發家用綜合粉。當我讓鬆餅綜合粉這項嶄新商品早一步進入零售市場，以及打出「九州」這個地域品牌的概念，就慢慢得到了消費者的青睞與認同。

當九州鬆餅這項商品一步步打通日本全國的通路，也有愈來愈多咖啡廳願意將九州鬆餅放進菜單。比方說，宮崎觀光飯店的甜點師傅就利用九州鬆餅開發了全新的甜點，直至今日仍然非常受歡迎。後來我也決定推出「九州鬆餅 Cafe」這種鬆餅專賣店，並在台灣與其他國家設立分店。

利用在地資源設計服務內容時，不要被「縣」這種行政劃分綁住，而要將視野放大成「九州」這種地域單位，再重新定義此地域的價值。了解九州鬆餅的商業模型，體驗了地域品牌有多少潛力的九州人也將利用自己的感性與價值觀，在不同的領域催生九州品牌。我不禁覺得這股熱潮即將形成。

九州的「飲食文化」具有足以通行全世界的成長潛能。假設能有一大群創業者利用在地的食材打造堅持品質的產品，讓這些產品成為向整個日本與全世界宣傳九州魅力的媒介，我的九州鬆餅事業就算是完成了一項重大任務。

我覺得，如果能有更多公司開發出以九州為品牌的熱銷商品，能有更多公司互相學習與切磋，九州這個品牌將更加響亮，九州整體是一個島的概念也將滲透全日本每個角落，我們的九州就更有價值。

No Risk, No Dream

- 創業時，必須在一開始就決定由自己承擔風險。只有這份覺悟才能激發潛能與一步步實現夢想。
- 完成商品不算「成功」，在當地創造不斷循環的經濟才稱得上是在地創生創業的「成功」。

投入新事業時，除了追求「return」（利益、報酬），也會追求「dream」（夢想）。創業是為了抓住夢想的挑戰，但要抓住夢想，就會遇到風險，也得犧牲自己，簡單來說，「No risk, no dream」。

有夢想的地方才有事業，但身為經營者的我不想只說些漂亮話。懷抱夢想是件非常棒的事，但如果不打算承擔風險，就無法抓住夢想。

有些剛起步的創業家一天二十四小時都在工作，完全沒有個人時間，將自己的生活獻給事業，但犧牲自己不代表就能成功，有時候還會遇到出乎意料的困難。或許只有能自行承擔這些風險與責任，不轉嫁給任何人的人才得以實現夢想。

進行新挑戰的時候，我總是自行承擔隨之而來的風險。危機永遠如影隨形，所以必須不斷地嘗試與失敗，以求提高成功機率。不過，下達最終決策是社長的工作，我也覺得只有勇於承擔風險，才能擁有面對困難也絕不退讓半步的覺悟，提高自己的專注力與激發潛力，最終一步步實現夢想。

由於是「創業」，「結果」比「過程」更重要，只有商品或服務得到更多人支持，不斷地發展與售出，公司打響名號，擁有屬於自己的品牌，讓獲利回流故鄉的循環才得以成形。獲得社會各界的承認以及經濟循環形成的瞬間，也才會真正感受到事業的成功。

我經常看到將創意發想的部分委託給外部業界，只利用國家或地方政府提供的輔導金、就業輔導金與在地農產品打造「地方名產」的例子。對於發放輔導金的行政機關而言，商品完成就代表一個專案的結束，商品能否熱賣不是他們的問題，就算商品全部堆在倉庫，也不會有人需要負責。這種將完成商品當成終點的做法，只會在各個地方製造悲劇而已。

這種做法不是書名「在地創生創業」所提及的「成功」。若不設立一定的基準，持續創造事業得以維持的最低業績或利潤，就不能算是地域循環型經濟。就這點來看，在由行政機關催生的六級產業化商品之中，成功例子可說鳳毛麟角。

只依賴他人智慧，負責人缺席的事業，或是只利用輔導金推動的事業，沒有人會遇到風險。對我來說，這種打一開始就沒有任何風險的世界只是一場製造東西的實驗，稱不上是門生意。

要抓住夢想，就必須擁有不懼任何風險的內心。

擁有如此強悍的內心，我們才能透過創業得到自由。

＊　＊　＊

第一章的在地創生創業總論源自我的成功與失敗經驗，以及從這些經驗導出的「理想創業方式」，其中包含了我對過去的反省、從行動得到的教訓，還有逐漸實現的目標以及對未來的希望。

從第二章開始，我將以個案研究的方式進一步介紹我的創業歷程。如果在第一線的商業思維、創意發想或是行動準則能提供各位參考，那將再榮幸不過。此外，如果有準備創業的年輕人能借鑑我的失敗與不成熟，進而抓住夢想的話，我翻出這些不欲人知的陳年往事也就有其價值所在。

除了內文之外，我在內文下方額外加註了「創業心法」。其中包含身為經營者與一個人的我極為重視的思考邏輯、生存方式與工作方式，以及反覆咀嚼與思考過的關鍵字。希望大家將創業心法視為內文的補充說明一併參考。

無法停留在某個場所，身段柔軟與「充滿熱情的人」

藝術總監、株式會社 GritzDesign 負責人　日高英輝

身為創業家之前，更是一位「充滿熱情的人」，這是我對村岡先生的印象。最具個人象徵意義的就是他在社群網站屢屢使用的「衝啊！」一詞。我覺得他除了透過這個詞鼓舞身邊的人，同時也不斷激勵自己。或許是因為他經歷了許多失敗才會這麼做。

天性悠閒的宮崎縣民常被「yodakii」（宮崎縣、大分縣方言，意為「好麻煩」或「好累人」）一詞形容，所以「衝啊！」這個充滿積極與樂觀的詞彙可能會將宮崎縣民逼入困境與逆境，但這個詞彙卻因村岡先生那柔軟的身段與質樸的語言而變得柔和。

就某種意義而言，「創業」就是「戰鬥」，村岡先生之所以能去除這種殺伐的印象並成功創業，我認為與他的柔軟身段和熱情有絕對的關係。

企業家的著作經常是為了頌揚自己而寫，但這本書完全不是這樣，因為村岡先生著手推動的事業之中，沒有半項一帆風順。書中介紹的個案都是歷經多重苦惱與掙扎才得以站上起跑線的例子，

也全部都是活生生的現在進行式。

我認為，這些真實體驗可為年輕的創業家以及投身於地方創生的人帶來勇氣與立下標竿。

拜訪重新裝潢的有限公司「一平」之際，村岡先生笑著跟我說「我在這裡沒有自己的桌子」，他總是以名為「熱情」的原動力跑遍宮崎、九州與世界每個角落。最不像社長的創業家，這就是我對村岡浩司的定義。

日高英輝

藝術總監、株式會社 GritzDesign 負責人。於宮崎縣出生。

從株式會社「DRAFT」離職後，於二〇〇一年創立「GritzDesign」。於行政、企業、商品的品牌塑造、企業識別（CI）、標誌設計、廣告、包裝設計以及其他領域推行「機能設計企劃」。曾負責設計「九州鬆餅」電視廣告、包裝設計以及 MUKASA－HUB 的標誌設計、宮崎縣「日本的日向宮崎縣」宣傳活動、LEXUS、Suntory天然水、NIKE、UNIQLO 的廣告。曾經獲得日本平面設計協會新人獎、日經廣告評審團大獎、紐約ADC銀牌、JR海報評審團大獎以及其他獎項。

奠定商業基礎的，永遠都是對九州與朋友的愛

農畜產物流通顧問＆農業與飲食記者、
株式會社「Good Tables」董事長
山本謙治

村岡浩司是一名充滿幹勁的創業家，也是一個兼顧人情義理的男子漢。

身為餐飲創業者的他對品質從不妥協。身為萵苣生菜卷創始店「一平壽司」繼承人的他開發了壽司專用美乃滋「sushimayo」，我也有幸參與開發。沒有半點妥協的素材與製作過程的確催生出最棒的味道，卻也貴得讓一般人買不下手。創立熱狗專賣店的時候，他同樣開發了日本頂級美味的熱狗專用麵包與香腸，卻因為「口感太硬」而無法獲得宮崎縣民的青睞。異於常人的他總是比別人多跨出半步。不過，他永遠將目標放在打造第一流產品，也完全不願妥協，所以總是走得比時代還快一步。

重視人際關係的村岡浩司活在滿滿的九州愛之中。利用九州的食材打造的九州鬆餅造成轟動之後，我覺得時代總算追上村岡浩司了。雖然這項產品是由優質食材與高超的技術製作，因之得以擁

有如此高水準的美味，但我覺得造成轟動的關鍵在於「九州」。村岡浩司總是不斷地思考該怎麼做能讓九州、宮崎變得更好，就連在宮崎市郊的廢校設立共同工作空間「MUKASA-HUB」也是基於對故鄉的愛。

在他著手推動的各項生意之中，除了利益，還有對九州與親朋好友的愛。村岡浩司身邊的人也被他的熱情感染與鼓動，與他一同展開了行動。

接下來他想做的事情到底是什麼呢？我想再次被他那股對故鄉的愛與熱情所感動。

山本謙治

一九七一年於愛媛縣出生。目前是農畜產物流通顧問&農業與飲食記者以及株式會社「Good Tables」董事長。著手開發與宣傳農畜產物之餘，也於各種專欄執筆。著有《炙熱的牛肉教室！》（講談社現代新書）、《廉價食品的陷阱》（KADOKAWA）。部落格：「山謙的出差到處吃日記」

第二章

咖啡館與社區營造

高中畢業後我立刻前往美國留學，
接觸了未知的文化，也因此開了眼界。
回日本後，我經歷了無數次的創業失敗才走到今天。
三十二歲開了「Tully's Coffee」九州一號店的同時，
也開始擔任商店街工會理事。
或許，那就是沉睡在體內的「九州傻瓜」血液開始沸騰的契機。
跨越個人與公司的框架，
與當地人攜手努力，
投身於地方創生事業，
獲得了共同催生文化的喜悅。

遍布全世界的「飲食」創新

其實仔細一想，我在成長環境中經常見到「飲食的創新」。最近**身**[1]之處就有一位足以做為模範的創業家，那就是我的父親村岡正二。

我的公司「有限會社一平」前身是父親於一九六六年創立的「一平壽司」。由於當初店面二樓就是自宅，讓我得以就近觀察父親的工作。

父親將自製的美乃滋醬拌入醋飯，開發了「萵苣卷」這份原創食譜。在壽司的世界裡，醋飯與美乃滋的結合是一項創舉，在這份食譜之後，又出現了「沙拉卷」、「加州卷」這類**稱呼**[2]或型態，也慢慢地於日本全國與全世界普及開來。

「萵苣卷」如今已經成為源自宮崎的知名料理，許多客人會點之

---

1 近身：隨時注意問題，不滿足於現狀，胸懷高遠志向。消弭「理想的自己」與「現實的課題」之間的落差，稱為成長。成長的線索總藏在近身之處。請仔細觀察自己的每一步，每一步的努力最終將匯流成最佳的機會。

2 稱呼：發現或發明獲得許多人的認同與接受後會發展出不同的稱呼，再慢慢地普及。稱呼愈多、相似產品愈多的商品，通常能與「萵苣卷」一樣長銷（參考頁五十七）。

外，許多家庭也會自己製作。蒿苣卷的起源可稍微回溯到父親開第一間店時，在福岡發生的某件事。

昭和三十年，父親結束成為壽司師傅必經的學習之路後便獨立創業，在福岡市開了一間小小的壽司店，沒多久就因口碑不錯而生意興隆。某一天，作曲家兼歌手平尾昌晃光臨了父親的壽司店。

一九六〇年代以鄉村搖滾歌手的身分爆紅，以〈星星什麼都知道〉、〈miyo 小姐〉等原創歌曲賣出一百萬張唱片以上的平尾先生在熱潮過去之後，健康亮起紅燈，也進入懷才不遇的時期。

大概就是在這個時候，因為參加在地電視台節目而留在福岡的平尾先生，在電視台幹部的帶領下來到了一平壽司。

平尾先生與父親都是三十幾歲的年紀，兩個人跨越了客人與老闆的關係，成為意氣相投的朋友，關係好到平尾先生只要來福岡出差就一定會來光顧，有時候甚至在店面二樓留宿。

平尾先生曾在昭和四〇年代初期為布施明先生寫了一首〈戀〉，這首歌也登上紅白歌唱大賽舞台。父親經常自豪地說：「〈戀〉可是在我們店面二樓寫的喔，平尾寫這首歌時，我就在旁邊，他甚至還問我『哪段旋律比較好聽啊？』。」父親似乎很喜歡這首曲子，我記得他常在廚房哼。

某天，父親為了體弱多病的平尾先生做了包蔬菜的壽司卷，還對他說「阿昌，你要多吃點蔬菜，補充營養才行」。向來不愛吃蔬菜的平尾先生說了句「做成壽司卷就可以吃」，吃得津津有味。

他接著又說：「這種時髦的壽司應該會流行喲，一起發明女性也會喜歡的壽司吧」，平尾先生這句話最終成了催生萵苣卷的靈感。

一九六六年，福岡這間店搬遷到故鄉宮崎市時，平尾先生建議父親「把這道萵苣卷當成店內招牌菜，這道萵苣卷會成為走在時代尖端的熱銷商品」，愈聽愈開心的父親便進一步開發能與醋飯、南九州甜醬油搭配的美乃滋，在開業之初掛上了大大寫著「元祖萵苣卷一平」的招牌。

後來我才知道，當時在地同行背地裡說了不少類似「使用美乃滋製作的壽司簡直就是旁門左道」的**壞話**[3]。但隨著口碑傳開，「想嘗

---

3 **壞話**：好幾次都遇到快要崩潰的瞬間。之所以能繼續前進，都是因為「能相信自己的只有自己」這句話。不因別人一句無心之話而動搖，一心朝著相信的道路前進。當創造的東西終於獲得認同，才會知道那些因為批評而心痛的過去，都是讓內心變得更強大的養分，一切也都變成了感謝。

嘗萵苣卷」的顧客也塞滿了所有預約時段。

一九七五年，店面的空間已無法容納更多客人，只好再次搬遷，來到大淀川河畔的現址。這附近有宮崎觀光飯店，最後一班航班的宮崎市機長與空中小姐（當時都如此稱呼空服人員）為了一嘗這道嶄新的「萵苣卷」連日造訪，一平壽司的口碑也因為機長與空中小姐而傳遍全日本。

等到便利超商以「沙拉卷」之名銷售以美乃滋製作的壽司卷後，這道商品立刻爆紅，直到今日都還是超商的經典菜色。

某天，父親這麼對我說。

「只要一直提供顧客喜歡的味道，總有一天這個味道會變成『故鄉的滋味』。店面也一樣，不要在乎同行的批評。只要連續營業十年，就會成為在地不可或缺的名店。**堅持**[4]雖然辛苦，但只要用心維持下去，最終一定會得到回應。」

在那個沒有網路也沒有社群網站的時代，這一道由父親發明、不受已知**概念**[5]束縛的嶄新料理，隨著時間流逝，慢慢普及於全世界。

---

4 堅持：若相信堅持的事情，不論遭遇多強的逆風也能鼓舞自己，不看到結果絕不放棄。專心做一件事、重複做一件事，是突破僵局、贏得勝利的最佳方法。

5 概念：不被已知概念束縛，解構已知概念的意思，這也是創新必須具備的心態。現有的價值已成為過去，無法幫助我們開創未來，但是若能揉合這些價值，就能催生新價值。

不在乎他人批評，一心取悅眼前的每一位顧客。近乎愚蠢地堅持這件事，讓「萵苣卷」成為宮崎的「鄉土料理」，連當初對其嗤之以鼻的宮崎在地壽司店，如今也理所當然地把這道料理加入了菜單。

「好東西就是要像這樣傳播開來，捨不得分享實在太無聊了，如果我們能在這時候守住原創的味道，成為第一名就夠了。」

父親曾經如此對我說。雖然父親的美乃滋食譜從開發到現在已經超過了五十年，味道還是沒有任何改變，我也一直守護著這個味道。

「萵苣卷」的開發與後續的普及，成了我的公司的核心經驗法則。父親之所以能夠**創新**[6]，全是因為貫徹信念，身為第二代的我將這股精神視為所有事業構想的基礎，也認為這股精神必須與「萵苣卷」料理一起代代相傳，成為重要的傳統。

---

6 創新：要創新有時會需要與舊價值對抗，也會與周遭的人產生摩擦或不愉快。但是，能戰勝這些的強烈意志與信念最終會成為催生新價值的原動力。想創造前所未有的東西是創新不可或缺的志向與資質。

最終的挫折與罪過

父親於宮崎開壽司店後的第四年，也就是一九七〇年，我出生了。從小就按捺不住好奇心與冒險精神的我曾經一個人迷路到很遠的地方，驚動了父母親與鄰居。

一九八八年，高中畢業的我完全不想繼承父親的壽司店，便**離開**[1]宮崎，負笈美國。我在留學時體驗了不少事情，也於一九九一年回國，打了一年工，再以存到的資金開了宮崎第一間古著店「Pickel Trading」，專營從美國直接進口的二手服飾與雜貨，一心想將「在地人從沒見過的美國傳統文化引進宮崎」。

當時是美式復古風格的全盛期，直接前往當地採購的人並不多，我的店更是宮崎第一間古著店，開幕沒多久就立刻吸引了不少人潮，我也一口氣多開了幾間店面，**擴大**[2]營業規模。

---

1 離開： 離開是讓自己的認知變得更抽象的行為。離開熟悉的風景踏上旅程，從外界得到客觀的觀點之後，就能找到原本看不見的新價值。

2 擴大： 事業的規模突然擴大其實是警訊。這時必須確定具有足夠的資金與人才，經營者本身也必須確定自己的心態沒問題。愈一帆風順，愈應該謹慎。

一九九五年，站前的大型倉庫翻新，邀請在地資本進駐設點。當時誤以為自己獲得消費者認同而沖昏了頭的我，連收支是否能夠打平都沒想過，滿腦子只想著「能在那邊開店一定很酷」就簽了契約。

現在回想起來，當時硬是進駐開店的決定以及對營業場所相關規矩的不熟悉，都讓原本一帆風順的事業蒙上了陰影，事業也是從那時開始亂了套。

進駐站前大型倉庫後，打從第一年就虧損，資金的籌措也愈來愈捉襟見肘。然而，當時的我未能直視心中的騷亂與不安，只是一派天真地告訴自己「總有一天景氣會翻轉」，沒有學習該怎麼從根本處理相關問題，等到資金用盡，便以營運資金為名目到處貸款。

然而，在過了某個時間點後，原本積極融資的銀行突然提出嚴苛的放款條件，導致我無法順利貸款。那是泡沫經濟的餘暉完全褪去，全日本陷入景氣低迷的時代。當時的我不斷被金融機關抽銀根，美式復古風潮也已退燒，業績一落千丈。陷入**焦慮**[3]的我開始到處尋找熱銷商品，只要一找到流行品牌就急著打電話，再帶著少得可憐的資金

---

3 焦慮：焦慮會讓人無法冷靜思考，而在這種狀態下做的判斷，只會讓自己遇到更多風險。雖然開創事業需要持續燃燒的熱情，但經營者必須控制自己的情緒，必須擁有認清現況的觀點。

前往交涉，可是大部分名牌根本不屑與年僅二十幾歲的鄉巴佬經營者合作。

好不容易找到合作對象，我拜託對方讓我進一些雜誌上的商品，沒想到對方回了一句「為了維持品牌形象，必須整個系列的商品全進」。要是真的照做，恐怕整間店有一半都會是對方的商品，整體品項也會變得亂七八糟。我沒花多少時間就發現，對方只是想把滯銷品推給我而已。

急得焦頭爛額的我開始不斷發傳單，也一直以一種強迫推銷的方式接待上門的客人，導致把客人愈趕愈遠。更糟的是，大型倉庫的周年慶通常比較早，錯過時機的商品會被當成過季品並以低於成本的價格拋售，讓我陷入了賣得愈多，虧得愈多的困境。許多看不下去的經營前輩給我許多建議，但那時候的我已經聽不下去了。

等到貨款暴增至數千萬日圓後，別說籌不到月底需要的營運資金，我連員工薪水都付不出來，只好向父母親或朋友借錢，解掉前幾年投保的保險，並將自己的衣服和腳踏車賣給朋友，總之就是不擇手段地籌措資金。我的腦海甚至掠過「我要是死了，可以拿到多少保險金啊？」的念頭。

陷入如此困境的我請客戶多給我幾個月籌措貨款，但是到了一九九八年一月底，春季商品陸續運抵店內，我確認了接下來要支付的貨款，也不斷盯著存款簿，總算**發現**[4]到「已經撐不下去了」。我找來所有員工，一邊對他們道歉，一邊告知倒閉的事情。

「接下來要跳樓大拍賣，籌措大家的薪水，還請大家見諒。」

在此之前，我總把業績不佳的錯推在員工頭上，還不時對著他們大罵。我有好一陣子忙得連好好看看他們的臉都沒時間，沒想到他們居然聲淚俱下地跟我說：「村岡先生，我們也沒做好，真的非常抱歉。」那個瞬間我總算明白，我**失去**[5]了非常重要的東西。

到四月底收掉所有門市的幾個月內，我幾乎不眠不休地工作。

許多來到店裡的老客人紛紛說好可惜，有些甚至說要幫忙出資。不可思議的是，這明明是最慘的時刻，卻也是最充實的時刻。當時的我總算懂得與員工團結一心，也懂得坦率地感謝顧客。直到最後一刻

4 發現：或許只有在犯錯時才能注意到事物的本質。假設一切順風順水，就不需要有什麼新發現。第一次的挫折或許就是不願面對自己的軟弱以及不成熟的自尊所導致的結果。

5 失去：只有在失去的時候，才知道失去的東西有多麼重要。對創業的人來說，從失敗得到的教訓是量身打造的教科書。失去東西的痛苦也是給未來的自己的訊息。

都全力衝刺。

跳樓大拍賣結束後，好不容易付清了貨款與員工薪水，存摺裡的餘額所剩無幾。剩下的銀行貸款則由父親的公司一肩挑起。儘管解決了負債，我卻覺得自己失去了這幾年累積的一切。

看著遠去的朋友與夥伴那愈來愈遠的背影，我發現自己從一開始就沒有獲得別人的信任。一心只想要帥、只想走路有風的我，一旦離開每晚喝酒的鬧區，一起鬧到天亮的朋友絕不會有人願意拉我一把。

說到底，我**浪費**[6]了好幾年的時間過著追逐金錢的生活。我無法察覺潮流的變化，也無法讓自己的店轉型成流行服飾門市，以為能獲利的服飾則因為賣不出去而大量報廢，連成本都拿不回來。

我沒有想述說的故事，也沒有想傳遞的價值，只是為了賺錢、為了耍帥而創業。連累許多人的我，總算親身體會自己的罪惡有多麼深重。

---

6 浪費：當我發現自己浪費了這麼多時間，那股失望難以估計。不過，失敗也是一種經驗的累積，「浪費」能因此昇華為「價值」。只要持續挑戰，就沒有所謂的「浪費」。

新事業的萌芽

古著店的經營**失敗**[1]與債台高築的經驗是我人生第一次**挫折**[2]。走投無路的我，只剩下向老家求援一途。

一九九八年五月，二十八歲的我將自己剃成光頭，跪坐在父親面前求援。父親答應幫忙還清債務的同時，我也進入父親經營的「一平壽司」，站了接近十年的櫃檯。

不想繼承家業，十八歲就遠赴國外的我，如今卻一事無成，夾著尾巴逃回老家的壽司店。總之，先從洗碗盤開始，接著學習剖魚的技術，頭一年專心地學習廚房的大小事情。或許當時的我想藉由這些事情與過去的人際關係隔離，想一掃那種緊緊抓住某些東西不放的心情。

等到熟悉了大部分的廚房工作之後，我內心某個角落再度開始蒙

1 失敗：只要持續挑戰，失敗就是邁向未來的禮物。從失敗得到的經驗可提升未來的成功機率。只要記得切換成隨機應變的心態即可。

2 挫折：這是逼我的人生一百八十度轉向的嚴重挫敗。在新事業嘗到了挫折的苦酒，失去了自尊心，也否定了自己的存在意義。不可以對創業家的現實視而不見，與此同時，允許創業家從挫折重新出發並再次進行挑戰的社會形態受到眾人的期待。

上一縷不安。曾在外闖盪的我覺得，當時創業已超過三十年的一平壽司很可能會因為**經營型態**[3]而慢慢地被時代淘汰。

郊區陸續出現了不少大型連鎖店的招牌，迴轉壽司這種新型壽司店也宛如星火燎原。泡沫經濟破滅後的不景氣同樣影響著東京之外的縣市，我家附近不少老字號日式高級餐廳與壽司店紛紛歇業。就連過去飯店林立，觀光客夜夜笙歌的大淀川河畔，也出現了飯店接連停業的倒閉潮。

「再這樣下去，一平壽司這種傳統壽司店豈不是活不下去了嗎？」過去那種吧檯式的壽司店已成夕陽產業，若不找到新路線恐怕無法存活。當時的我真的非常擔心。

此外，一九九〇年代發生了O157腸道出血性大腸桿菌集體食物中毒事件，整個社會對食品安全更加敏感。聽到感染源是蘿蔔嬰的新聞後，「如果萵苣也發生相同的問題，一平壽司就要倒閉了」的**危機感**[4]不斷湧現出來。

無論如何，由父親發明，後來成為宮崎鄉土料理的「元祖萵苣

---

3 經營型態：想守護的東西愈是重要，就愈需要了解時代的潮流。該堅守的傳統是「理念」，而不是表面的形式。要守護傳統，有時也需要「改變的勇氣」。只有能適應環境的人才能於下個世代倖存。

4 危機感：經營者必須拿捏「強勢」與「膽小」之間的平衡。目標愈是遠大，愈要與自己和自家公司保持距離，保持站在制高點俯瞰全局的觀點，早一步察覺危機。危機感同樣是開創道路的原動力，讓我們一起擁有踏出下一步的勇氣吧！危機的另一面正是催生創新的機會。

卷」是我一定要守護的傳統，所以我不想改變店裡的型態。

最終我獲得了結論：壽司店必須找到永續經營的新事業。我當時的想法是，若只賣壽司，總有一天會撐不下去，得進軍「飲食」市場，開拓新事業，再將新事業賺得的利潤用來維持壽司店，然後進行另一波投資，讓事業版圖繼續擴張。

當年逃回老家時，身邊的人都冷冷地看著我，覺得我是個敗家子，這讓當時的我非常想讓這些人瞧瞧我的厲害，也想告訴自己，就算二十幾歲時曾經遭遇失敗仍然「大有可為」，很想證明自己的能力。

我想憑自己的力量再次催生新價值，讓大家刮目相看。我想透過**內部創新**[5]的方式，試著從零開始在公司內開創新事業，並且發揮自己的實力。而且這次的挑戰是為了與父親一起守護一平壽司這份家業。

決定這麼做之後，我開始摸索各種型態的事業，其中最**吸引**[6]我的莫過於在全世界急速普及的西雅圖精品咖啡（堅持產地與烘焙方式，提供風味豐富的高品質濃縮咖啡）文化。

我二十幾歲還是古著採買商時，在美國西岸普及的新咖啡文化正

---

5 內部創新：創業不一定只能離開公司，也可以待在公司或組織裡，利用自己的創意開創新事業。以經營者的心態處理日常業務後，面對業務的方式與處理的結果將截然不同。

6 吸引：我們每天都會遇到無數事物，而我們會對其中某些事物感到興趣。希望大家能認真看待這種感覺。那些看似平凡無奇的價值有可能具有超乎想像的可能性。

以迅雷不及掩耳的速度席捲整個美國，並於一九九〇年代中期進軍東京。

我想打造一個讓年輕人能夠享受美國的友善服務、精選咖啡與舒適空間的場所，如此一來，我在美國的生活經驗也能派上用場。

興奮得坐立難安的我立刻前往東京，在幾天內喝遍了各種品牌的咖啡，進行比較。其中「咖啡最好喝」與「風格最講究」的咖啡店就是「Tully's Coffee」。

打造吸引人群的社群起點

二〇〇二年，三十二歲的我開了九州**首**[1]間精品咖啡店「Tully's Coffee 橘通店」。雖然 Tully's Coffee 在東京或其他縣市一直有開設直營店，但我開的這間是日本國內第一間加盟店。於是，平日處理 Tully's Coffee 業務，在壽司店因預約或周末而忙不過來時前往支援櫃檯的生活，開始了。

橘通是位於宮崎市市中心的商店街，曾有西村樂器行這間做為文化傳播基地的店家。正當我在尋找 Tully's Coffee 的店面時，這間長年獲得在地居民支持的店家剛好停業，聽說有間便利超商打算在原址開幕。

由於當時很流行超商會讓鎮上的個人小店被淘汰的論調，無法坐視不管的我便直接與西村大樓業主池田達信社長交涉。

---

1 首：引進新事物稱為創新。預測有潛力的市場以及率先開發市場是有風險的，但如果事業如預期發展，就會有別人跟進，業界也隨之形成。假設自家的商品或服務成為實質標準，就能掌握市場的主導權。

「社長，你打算讓長年被視為鎮上象徵的西村大樓變成超商嗎？能繼承這裡的文化與歷史、讓這裡找回活力的是我的咖啡店！我希望把這個充滿回憶的地方打造成吸引人潮的文化據點與**社群**[2]。請務必將店面租給我！」

厚顏無恥又不知天高地厚的我**每天拜訪**[3]池田先生，死纏爛打地拜託他。

一連幾個月，池田先生都把我當成甩不掉又很煩的年輕人，為此避不見面，但最終總算願意聽聽我的想法，也總算答應把店面租給我。

「我想在村岡的熱情上賭一把。今後的商店街需要像你這種充滿活力的年輕人。我可以把店面租給你，但有條件：你能不能幫忙擔任商店街理事？」

原來池田先生已經決定拒絕談好的超商，要將商店街地標的西村樂器行舊址租給我。

於是，Tully's Coffee 開幕的同時，我也應池田先生要求，在一無

---

2 社群：只有人潮聚集與交會的場所才能出現新文化與美妙的創意。富有多元性的商店街社群是培育創業家的搖籃。

3 每天拜訪：一旦決心做某件事就不再動搖。如果相信自己的想法是對的，就要不斷地採取行動，直到目標達成為止。不管對方的看法如何都不會心生動搖。相信自己，正面對決吧！

所知的情況下加入了商店街工會，這成了我參與社區營造的**契機**[4]。

貴為在地仕紳的池田先生陸續為我介紹了商店街成員，也把我這個窩在壽司店廚房好幾年的人帶去各種場所，有時候找我吃晚餐，餐後帶我去宮崎市鬧區的「nishitachi」小酒館暢談社造理念與想法。

我一直記得當時池田先生對我說了下面這段話。

「推動社造計畫可能會遇到很多人反對，有些人甚至會想妨礙你，但如果你相信自己，就請貫徹自己的信念。如果扛著下個世代的年輕人的畏懼，這個小鎮就不會有任何改變唷。」

我與池田先生是不同年代的人，對於社區營造的理念也不一致，他卻對我這個突然來到商店街的小鬼頭愛護有加。多虧了池田先生的幫忙，我才能照著自己的想法投身於社區營造活動。

遺憾的是，池田先生已經故去，再也無法與他相見了，但他的每一句話仍在我遇到**高牆**[5]時鼓勵著我。

---

4 契機：沒人知道邁向未來的契機會在何時以何種型態出現在我們面前。希望大家能無條件地相信自己抓住的契機，以及奮不顧身的勇氣。日後回顧時，有可能會發現這個契機正是人生的里程碑（分歧點的路標）。

5 高牆：我們應該永遠都會遇到阻礙自己前進的高牆吧。當我們撞到又高又厚的牆壁，有可能會覺得自己累積的一切如潰堤的堤防般分崩離析，也可能會覺得有些失落，此時要提醒自己擠出笑容與試著振作。在高牆之前瓦解的只是虛假的偽裝，我們該做的是不怕撞到高牆，也不怕遇到暴風的堅實堤防。

成為鎮上不可或缺的存在

決定店面到開店的這段時間真的是波瀾萬丈。

Tully's Coffee 的加盟金與內部裝潢費用大約需要七千萬日圓。我寫了份**事業計畫**[1]向銀行貸款，但當時的宮崎只有傳統咖啡館，沒有半間自助式咖啡店。

負責放款的行員語帶叮嚀地對我說：「村岡先生，老實說，沒有任何一間咖啡館能做到一天兩百或三百位客人喲。你這計畫是在畫大餅，最好放棄。」

對 Tully's Coffee 總公司來說，我是第一位加盟商，因此無法提供銀行想參考的外縣市業績資料，但要說服負責放款的行員就必須拿出數據佐證。

因此，只要遇到一平壽司公休，我一定會前往東京，逛逛競爭對

---

1 事業計畫：商業創意與事業計畫不同。就算是能在商業創意競賽拿到好成績的點子，要想啟動與成長就必須製作具體的事業計畫與「調度資金」。現在也有協助撰寫事業計畫的政府機關，第一次創業的人務必前往諮詢。

手的店，並在店門口計算一整天的來客數，或是撿一些客人丟掉的發票，藉此**調查**[2]客單價。由於當時還沒有社群網站，大部分店家也不像現在願意讓客人拍照，我總是偷偷錄影，直到店員氣得大罵為止。

我帶著這些資料去銀行與負責放款的行員商量，一邊讓行員看櫃檯前方大排長龍的影像與照片，一邊不斷地低頭拜託。

「精品咖啡一定會成為世界潮流，這波浪潮也肯定會襲向宮崎。為了成為市場前驅，掌握先驅者利益，我必須搶得頭香，否則就沒有任何意義了。我已經借到西村大樓一樓這個絕佳店面，請幫我一把吧！」

最終，銀行提出了比想像中嚴苛許多的條件。比方說，利息比一般貸款更高，貸款年限只有短短的五年，而且要求父母親做為**擔保人**[3]，同時還要拿一平壽司的土地、房子做為抵押。泡沫經濟崩盤後出現了「放款緊縮」、「抽銀根」等名詞，當時的確很難向金融機構貸款，銀行會提出如此嚴峻的條件也很正常。行員最後甚至跟我說：「我們銀行是因為一平壽司的成績與信用才考慮放款，而不是貸款給

---

2 調查：網路上的資訊常常很零碎，又不太可信。要判斷一門生意值不值得投資，必須花時間蒐集資料，直到自己能說服自己為止。要取得具有公信力與說服力的資訊就得親自蒐集。

3 擔保人：為了讓經營者能在不成為公司連帶保證人的情況下調度資金，二〇一三年底，日本宣布了「經營者保證相關指南」，規定經營者與法人之間的關係明確分離時，不得要求經營者成為公司連帶保證人。

幾年前事業失敗的你，這點還請您千萬不要會錯意。」

心想「行員應該是為了讓我知難而退才提出如此嚴苛的條件吧」，又想到「父親應該也會反對」，我忐忑不安地回家與父親商量。

使出渾身解數說明之後，沒想到父親給了一個令我十分意外的答案。

「Tully's這個咖啡店會賺錢嗎？」

突然被問如此直截了當的問題，我一時間不知該怎麼回答。結果父親繼續說。

「我已經罹患了癌症，就算有辦法貸款，最後也一定是你來還。如果你真的覺得這個會賺錢就不要猶豫。要做就要一口氣做到底才有意思。不管要我蓋幾次章，幫你借多少錢都沒問題。」

那時父親的前列腺癌已漸漸惡化，健康也已亮起紅燈。或許父親覺得自己來日無多，知道**世代交替**[4]的時間到了。

在父親代償的債務都還沒結束的情況下，又要開始新的挑戰，當下讓我再次感受到這一回的挑戰具有哪些意義與責任。

---

4 世代交替：就像細胞每天新陳代謝，生命才得以維持，公司、組織、鄉鎮、地區都必須在適當的時間點世代交替才能維持活力。雖然很難確定什麼時候是世代交替或事業交棒的最佳時機，但這也是企業家最重要的任務之一。要讓公司或事業持續成長與發展，就必須冷靜地思考交棒時間。

不管這回的挑戰是好是壞，一切都得由我自己承擔。我已經沒有後路可退，也沒辦法再向父親求援了。這次的事業一定得成功，父親才能安心。就這樣，貸款的手續一步步完成，準備蓋下最後一個印章時，我的手緊張得直發抖。

貸款手續完成，確認資金已經匯入帳戶後，我向初任店長鬼束文士報告。

「資金已經備妥，店面合約也已簽妥，剩下的只有全力以赴。精品咖啡一定會引起風潮，Tully's Coffee 一定會成為這條商店街的門面。我們要齊心協力讓這間店生意興隆！」

從加盟店簽約之後，經過半年以上的準備期，Tully's Coffee 橘通店總算在二〇〇二年七月二十六日正式開幕。西村大樓業主池田先生與父親皆列席剪綵。

直到開幕前一天都還到處肆虐的颱風，居然奇蹟式地在開幕當天離開，大批客人瞬間湧入店內，五十個座位一下子就被坐滿，讓開幕當天的營業額堂堂來到七十七萬日圓，刷新了當時 Tully's Coffee 所有門市的單日營業額紀錄。

漫長的一天結束後，我志得意滿地向父親報告營業額，沒想到他卻握住我的手，一臉開心地說：「蛤？才這樣啊？我以為大排長龍應該會賺更多的，看來也不是什麼了不起的生意嘛。」至今我仍忘不了父親掌心傳來的溫度。

在宮崎鬧區開幕的 Tully's Coffee 接下來打破了單月營業額紀錄。每一天店門口都大排長龍，經常得等上一個小時才能入店。

「第一步是不管遇到什麼事，先守住招牌十年再說。一旦過了十年，這間店就會成為鎮上『**理所當然**[5]的風景』與不可或缺的存在。」

當年如此鼓勵我的父親在兩年後的二〇〇五年一月二十八日辭世。

時光飛逝，這間店直到二〇一七年共經營了十五年，到寫書的當下，這間位於宮崎市市中心的咖啡廳仍有許多熟客光顧，也如父親所說，成為宮崎不可或缺的街景之一。

---

5 理所當然：指的是那些不會特別留意，但消失了會讓人覺得少了什麼、很空虛的日常事物。希望大家多多創造這些在未來形成的「理所當然」。愈是屬於生活基本需求的服務，愈有可能大幅成長。

得到許多顧客青睞的 Tully's Coffee 後來又新增了高千穗通店、都城店、AEON 宮崎ＳＣ店、都城吉尾店、鹿兒島宇宿店，總共六間門市，每一間也一步步成為鎮上「不可或缺的場所」。這一切都拜父親與池田先生所賜，是他們讓我有機會設立橘通店，也讓我知道在鎮上開店的意義。我想，他們兩位一定在天國邊笑邊看著我們的奮鬥與鎮上的繁榮。

描繪半步之遙的風景

我想透過 Tully's Coffee 實現以下這件事：在宮崎的街角描繪前所未有的風景，希望透過咖啡廳的形式實現自己理想中的社群。

我想在這間店呈現那「距離**半步之遙**[1]的風景，而且是只有我們才能描繪的風景」，想讓顧客與夥伴永遠為之驚豔。這是我從當時貫徹至今的想法。

想呈現的事物往往會隨著時代改變，過去的熱潮經過幾年後就會**一般化**[2]。現在的 Tully's Coffee 是我幾年前的願景，但不一定符合現今這個時代的需求。

開門做生意的店家若不時時進化，沒多久就會被時代淘汰，若不持續描繪「下個世代的風景」、不持續挑戰，就無法**存活**[3]。

二〇〇五年，宮崎 Tully's Coffee 開始提供行動裝置所需的電源

---

1 半步之遙：要找出市場中「剛剛好領先一點點」的風潮。太過領先的話，很難獲得消費者的理解與共鳴，因此以「半步之遙」形容潮流與創新恰到好處的情況。

2 一般化：即使是一上市就讓所有人大吃一驚與興奮的高附加價值服務，也會慢慢地一般化而失去原有的稀有性。「價值」會隨著時間的流逝而改變。要在變化急遽的時代存活，必須讓自己更加靈活，允許自己隨著時代改變。

3 存活：能不斷嘗試新挑戰，早一步判斷時代潮流、潛在需求與持續進化的企業才能存活。一如「不易流行」（唯一不變的就是持續改變）一詞，企業必須知道哪些事情該改變，哪些事情該守護，並且拿捏兩者之間的平衡。

與 Wi-Fi 網路環境，我希望早日在宮崎引進美國西岸興起的咖啡廳與工作空間潮流。雖然今日到處都有人拿著平板電腦、筆記型電腦在咖啡館工作或開會，但當時的宮崎根本沒有這類店家。

那時 Tully's Coffee 日本總部以「翻桌率會變糟」為由，不太願意接受這個想法。但當時的我覺得咖啡館接下來會成為鎮上的基礎建設，無法只以經濟的合理性衡量價值，對這個想法完全沒有半點猶豫地，立刻提供了這項在下個世代成為「理所當然」的服務。就算得遵守連鎖店的規則，加盟商也必須提供符合在地需求的服務才得以存活，這同樣是為了全體著想的「One for all」思維與貢獻。

如今 Tully's Coffee 日本總部比我還資深的員工應該一隻手就算得完，愈來愈少人體驗過當年精品咖啡進入日本市場的活力與喧鬧，也很少人感受過那股源自西雅圖，席捲全世界的風潮。對 Tully's Coffee 來說，催生九州一號店的宮崎是堪稱傳說的地方。我希望繼續守護那個洋溢著傳統濃縮咖啡香氣，充滿經典風格的「咖啡文化」，也希望維持住能夠預測下個時代的**創新性**[4]。

---

4 創新性：「創新性」誕生的瞬間，也就是邁向老舊化的開始。要保有創新性就必須不斷地自我更新。潮流的光輝是瞬間即逝的虛無。建議大家時時提醒自己「懷疑今日的常識」。

「這一杯，心意滿滿」是 Tully's Coffee 的經營理念，時時提供最美味的咖啡也是其使命。在開店超過十五年的現在，我覺得「最棒的咖啡」的定義同樣隨著時代不斷演進，「最棒的咖啡」也不只由味道定義，還夾雜著不斷跟著時間進化的「時代的精華」。

在這間店工作的員工都帶著使命感，自豪地跟我說「想維持品質」、「想守護傳統」，那麼，在這個社群**投入小石頭**[5]，引起新的漣漪，或許就是我的任務。

一邊維持基礎的品質，一邊引入接踵而來的次世代風景和文化，藉此不斷地改革與創新，這就是我想要的營運方式，也將一步步成為我的公司的傳統。

之後我想透過咖啡的經營刷新街角的風景，一邊提供「熟悉的時光」，一邊持續催生「次世代的標準」而不滿足於現狀。我也想繼續挑戰創新，直到某個人開了生意更興隆的店，我的感性不符合時代需求為止。

---

5 投入小石頭：意思是在平靜的水面丟入小石頭，引起漣漪。一如風起時聚在水面上的落葉或花瓣會散開，在社群引入新想法也有可能讓長期窩在同一個地方的年輕人離開，這時候不能害怕被討厭，必須具備「改變的勇氣」。

宮崎這個小地方若能時時**自我更新**[6]，成為在舒適空間內一再激發新刺激與創新的社群，那就太完美了。

---

6 自我更新：目標愈高，愈會覺得自己不該在「現在的場所」如此安逸。讓我們一起朝著那些乍看之下不能完成的目標前進吧。當相信自己的「信念」轉換成「堅定的信心」，目標就有機會實現。這道理也可套用在各個地區。一旦甘於現狀，將在地的自我更新任務委託給別人，地區就會開始衰退。每個人若能主動參與地區的自我更新，就能描繪光明的未來。

盡自己的本分，支持自己的故鄉

二〇〇二年，在宮崎市橘通商店街設立的 Tully's Coffee 開幕之際，我也成為商店街工會最年輕的理事，在什麼都不懂的情況下跟著前輩一起參加商店街活動。

當時宮崎郊外有間大型購物中心「AEON Mall 宮崎」正準備開幕，商店街對此發動了大型的抗議活動。

二〇〇五年五月十九日，AEON Mall 宮崎開幕後，整個小鎮的樣貌為之一變，原本人潮洶湧的十字路口變得空無一人，某個時段的行人數量甚至減少了百分之三十以上。

感到危機步步逼近的我們決定以商店街工會的身分，與五間市中心的大型店家一同創立活性化組織「Do 正中購物中心委員會」。在此之前，商店街與大型店家是互相爭搶客源的競爭對手，促銷活動各自為政，從來沒有**分享**[1]過促銷期的資訊。從每個月定期召開一次例會以加深彼此的溝通開始，Do正中購物中心委員會一邊從商工會議獲得各種資訊，一邊學習全日本各地的「成功」範例，我們年輕人則負責舉辦各類活動。

當時年僅三十六歲的我是最年輕的成員，卻擔任了Do正中購物中心委員會的委員長。剛開始時為了召集一同活動的年輕成員，每個星期一早上都一邊喝著咖啡，一邊進行「早晨會議」（俗稱晨議）。最後總算能與一大群夥伴不斷地討論地方振興計畫，一邊揮灑著汗水，一邊企劃與舉辦多項活動與祭典。

然而，在郊外那隻宛如巨獸的購物中心面前，不管舉辦了多少**活動**[2]都只是為了安慰自己的反抗。當時滿腦子都是「得再想想辦法才行」的焦慮，也訂立了許多看起來行不通的計畫，拜託志工們幫忙完成。

活動幾乎是每星期舉辦，會議幾乎是每天召開，會議之後又是活動。委員會的活動總算引起了在地報紙與媒體的關注，我們這群人瞬

1 分享：資訊要以利他的精神分享，不要藏私。分享可帶來不同的觀點，資訊的價值也會因此提升，帶來更多機會。

2 活動：活動只是短效的安慰劑。有些人認為，辦活動比不辦好，但太過頻繁就會出現彈性疲乏的問題。在走投無路的情況下，沒辦法描繪中長期的願景，也無法依照設立的願景行動，但是正因為危機來襲，才更需要冷靜地制訂戰略。

間被視為「鎮上的年輕救世主」。然而，不管我們怎麼努力，就是沒辦法讓人潮回到商店街，本該是夥伴的商店街老闆也開始對我不滿，覺得我太過強勢，硬要他們配合。

原本我只是以一介老闆的身分參加商店街工會，但委員會的活動慢慢變成我的志業，忙得**沒日沒夜**[3]，我分不清哪邊才是工作，因此累出了心病。

我心裡非常清楚，實際的成果與媒體或行政機關的評價相去甚遠。在外奔波時我總帶著開朗的笑容，心中卻是烏雲密布，情緒起伏非常劇烈，總是夜不成寐。

二〇〇八年春天，美國 Tully's Coffee 總公司提供了在新加坡擔任執行董事的工作，我藉這機會暫時**離開**[4]了社造計畫。差不多有半年以上，我以每隔一周的頻率不斷往返於外國與宮崎之間，由於稍微置身事外，終於能從外界的角度看到鎮上的核心癥結，也發現了自己過往參與事務的方式有問題。

就算高舉「社區營造」這面大旗，只有「冠冕堂皇的大道理」是

---

3 沒日沒夜：一旦下定決心要做，就會全心投入與全力以赴。要想跨越障礙，就得歷經多次讓人覺得「很麻煩」的作業流程。要在沒日沒夜的忙碌過程中維持專注力與毅力，就必須不斷地想像成功，以及相信自己「做得到」的強大內心（自我效能）。

4 離開：就算是非常重要的事情，太過投入反而會看不清楚全貌。不知下一步該怎麼走時，可試著與這些事情保持距離，如此一來就能從不同的角度認識這些事情，找到重新建構優質關係的契機。

無法改變任何事情的。不管多麼想讓宮崎市中心恢復活力，只要一走出宮崎就沒有人知道這個小鎮，因此就算透過活動炒熱氣氛，仍然無法從根本解決問題。「渺小的我到底能做什麼呢？」

就在每日鬱悶地如此反問自己，不斷煩惱之後，我得到「自己得先盡企業家這個**本分**[5]，以企業家的身分成功」的結論。

要先讓公司茁壯才行，對社區營造最大的貢獻就是先讓自己的店生意興隆。要描繪宮崎小鎮的未來，就必須先自行建立穩固的事業基礎。

得出這個結論的我，於同年九月在「一番街商店街」這個黃金地段的大樓設立了新的咖啡廳「CORNER」。「一番街商店街」原本是宮崎市最熱鬧的地方，如今卻人煙稀少，到處都是閒置店面，完完全全反映了小鎮的現況。這也是自 Tully's Coffee 以來，我**第一次**[6]自行開發營業型態的挑戰。

---

5 本分：承認自己的渺小，知道一個人的力量有限。為自己留一點時間，謙恭地問自己「我的本分是什麼？」，本分也可解釋成該扮演的「角色」。每個成員都能堅守本分的集團就能凝聚成一股強大的力量。

6 第一次：誰都有「踏出第一步」的時候，也都會恐懼與期待。要消除這股不安只能採取行動。第一步要先不斷地訂立計畫，直到自己覺得計畫會成功為止。當你能具體地描繪理想的未來，並且因為這個未來而感動，成功就已經握在手中。一起描繪夢想吧。

一間咖啡館改變了整片地區

結束新加坡為期半年以上的工作，回到日本後，二〇〇八年九月，我在宮崎市「一番街商店街」開了新咖啡館「CORNER」，並同時處理著 Tully's Coffee 的工作。在「CORNER」可吃到以九州的蔬菜、肉類、魚類烹調的西式餐點，也提供包場派對的服務。

在泡沫經濟瓦解，景氣長期低迷不振與郊外大型購物中心的夾擊之下，一番街商店街的行人愈來愈少，也顯得愈來愈冷清，當時我想，如果能讓此地長期閒置的大樓找回往日繁華，或許就能成為小鎮復活的象徵，點燃復甦的狼煙，我的熱情因為這股**希望**[1]而燃起。

不過，這項一切都是未知的挑戰一點都不輕鬆。我記得從第一年開始就連續兩年虧損超過兩千萬日圓，而且一路走來盡是荊棘。正以為要步上軌道了，沒想到二〇一〇年發生了口蹄疫，整個鬧街又變成

---

1 希望：在希望與現實的夾縫之間掙扎非常煩惱與痛苦。沒有希望就無法前進，但忽略現實的壓力，事業也將無以為繼。有時候痛苦的經驗會扼殺「希望的嫩芽」，但如果能將一次次的失敗全視為經驗，就能從挫折之中振作。坐在原地等待無法看到希望之光。只要能透過經驗強化心態與不斷前進，每個人都可以進化。

一座空城。

在那之後，宮崎依舊天災人禍不斷，二〇一一年三月還遇到三一一大地震。在如此艱困的經營狀況中總算撐過了四年，我也在這時去了韓國首爾特別市江南地區的新沙洞林蔭大道一趟，造訪了「Bloom and Goute」這間散發著靜雅氣息的咖啡廳。

當時首爾的咖啡廳文化正迅速發展，裝潢美麗的咖啡館如雨後春筍般在大街小巷的每個角落開幕，新沙洞一帶更是擠滿了時尚的咖啡館、個性鮮明的精品店與高檔餐廳。當我得知新沙洞之所以能發展至此，全是因為 Bloom and Goute 後，突然間**興致**[2]盎然。

這間被譽為傳說的咖啡館擁有者是一位從歐洲回來的年輕老闆，當初他結合了 Bloom（花店）與 Goute（咖啡館）的概念開店，瞬間爆紅，成為新沙洞知名地標不說，也吸引了許多人來附近開咖啡廳與精品店。

Bloom and Goute 的內部裝潢雖然簡樸卻非常**溫馨**[3]，每個角落都洋溢著甜甜的花香。兩層樓的空間內，許多在地客人在此度過屬於

---

2 興致：因為遇到問題所以興致盎然。對某件事物感到興趣時，請不要猶豫，立刻付諸所有的行動力，直到了解該事物的本質為止。徹底追求興趣的宅男本質有時候會帶來工作機會。敏銳的感性也是創意的來源。

3 溫馨：身處某地時，反問自己開心嗎？或是接觸某物時，反問自己覺得舒服嗎？相信自己的感性與身體的感受，並將感性與感受做為行動方針吧。

自己的時光，讓整間店顯得十分熱鬧。

這間備受在地人喜愛的咖啡館出現後，吸引了不少年輕創業家在這一帶開店，而這些催生出首爾最舒適咖啡館的年輕老闆們如今已在首爾打造了一片最時尚的地區。

一間咖啡館就**改變**[4]了整片地區。咖啡館就是有這樣的力量。我開「CORNER」正是基於同樣的想法。若能有不同的世代與不同價值觀的人來到CORNER，就能催生出新事物。由於我在新沙洞感受到了渴望已久的**世界觀**[5]，短短兩天的旅程中便多次造訪這條林蔭大道。心情鬱悶的我在接觸到新沙洞的活力後，整個人都振奮了起來。「再試一次，絕不放棄」，回到日本的我下定決心，重新調整CORNER的結構，也踏上開發九州鬆餅這項新商品的道路，一步步讓整間公司的獲利結構轉型。

美麗的新沙洞充滿了催生新文化的能量，那次的**體驗**[6]也讓我著手規劃下一間咖啡館。

日南市是一處從宮崎市沿著日南海岸開車南下一個小時就能抵達

---

4 改變：任何動機都一定有所謂的「起點」。就算一切源自個人小小的動機，決定「改變」之後，全新人生的齒輪便開始轉動。改變就是相信機會與未來，以及超越現在的自己。奇蹟往往是從屢次發生的小偶然開始。

5 世界觀：想實現什麼？以別人能夠理解的詞彙呈現（簡報）這點非常重要。想描繪的是怎麼樣的未來？又想讓誰知道這些事情？請務必一再確認這兩點，直到能清楚說明自己的世界觀為止。

6 體驗：透過體驗所得的感受會超過知識。直接前往當地，與當地人接觸，品嘗在那裡的一切，藉此得到無數的體驗，鞏固與琢磨自己的判斷基準。

的城市，在這座人口僅五萬人的小城中，有個讓冷清的市中心找回活力的造鎮計畫正要開始，而我有幸參與其中。我與從全日本公開甄選而來的小鎮管理人木藤亮太，以及當時的商工會議所事務局長黑田泰裕三人，成立了以振興商店街為目的的株式會社油津應援團。

我們三個要振興的這條商店街被戲稱為「連貓都不會來這裡散步」，到處都是閒置店面。乍看之下，這個專案似乎**不可能**[7]成功，而我們的第一步，是將看起來像廢墟的喫茶店重新裝潢成咖啡館。

這是備受在地人期待的社區營造計畫第一彈，絕對不容失敗，我當然也相當緊張，想必沒有餐飲相關經驗的木藤與黑田同樣非常不安。但我們三個還是得踏出這全新的一步。

咖啡館名叫「ABURATSU COFFEE」，菜單核心則是足以讓這間店擁有**自信**[8]的**正統**[9]咖啡。我與向來仰賴的咖啡豆烘焙師、FLAT WHITE COFFEE FACTORY的中澤美貴（俗稱miki）不斷調配豆子的配方、杯測，總算找到「最適合這個地區、這片風景的味道」，並搭配我堅信是全日本最好吃的九州鬆餅。當時九州鬆餅已經正式開始

---

7 不可能：會讓人覺得不可能的是自己的內心。放棄之前，先試著斬斷退路，繼續往前邁進。苦惱的出口有時僅有一步之遙。

8 自信：對自己發出的訊息、創造的事物、決定的事情有著難以動搖的信心。只有心中那個不被他人評價動搖的第一名，才是你的致勝武器。

9 正統：不欺騙自己的內心，也不說謊。換句話說就是正直、不過度誇飾的意思。以自己打從心底相信的東西一決勝負吧。能堂堂正正說出「這就是正統」的自信會從經驗誕生。在接觸眾多正統的東西之後，自然而然會培養出審美的眼光。

銷售。

二〇一四年四月，我在開幕致詞中提到了 Bloom and Goute 的故事。

「咖啡館可以是社群的最小單位，一間咖啡館可以改變整條街道的風景。我親眼看過那樣的光景，也相信咖啡館有這樣的力量！」

ABURATSU COFFEE 開幕四年後，油津商店街有二十九間新店家與科技企業入駐，不少人紛紛從日本各地前來視察。在這一次的造鎮計畫中，ABURATSU COFFEE 成為跨世代互相傾吐心事的社群，成了交流的橋樑，也一肩擔起了吸引客群的重要任務。

咖啡館當然沒辦法徹頭徹尾改造整個地區。在油津商店街復甦的過程中，許多人奮不顧身地參與相關事務，政府與民間也付出了許多努力。不過，在艱困的地區再造之際告訴自己「這個地區仍然大有可為」，勇敢地**踏出**[10]第一步，的確是意義非凡的挑戰。

一如我在新沙洞的 Bloom and Goute **學習**[11]的，總有一天，被 ABURATSU COFFEE 鼓舞的年輕人會創造讓日本各縣市的城鎮脫胎

---

10 踏出：沒有人知道未來有什麼在等待，所以陷入思考之前，最好先行動再說；猶豫的時候，先踏出一步再說。這一步將打開通往未來的道路。

11 學習：謙虛是必要的態度，希望大家時時保持學習的態度。停止學習就無法催生新事物，學習之後，可自行解釋學到的東西再付諸實踐。

換骨的**契機**[12]，我不禁如此想像著。

每個周末與夥伴、家人、朋友或情人聚餐——與別人相處與**邂逅**[13]將產生能量，**互相交流**[14]則會產生**羈絆**[15]，餐廳正是能創造這一切的地方。

認真打造一間讓客人能夠盡情享受的餐廳，催生充滿能量的風景，在自己鍾愛的故鄉創造令人興奮的新型外食文化，都是可以在社區營造計畫應用的理念。

就算只是一間小小的咖啡廳也能創造全新的活力，如此一來，將能描繪出充滿希望的風景。

---

12 契機：催生創意的場所或是點燃熱情的人，都是所謂的「契機」。這種「契機」能吸引人群，共同創造莫大的動力。所有故事都是從單單一個人的狂熱開始的。

13 邂逅：在分子與分子混合之際會產生能量，這點在小鎮或人的身上同樣會發生。需要能量時可試著多與別人交流。希望大家都能創造出這類場所。

14 互相交流：將自己腦中的片段想法告訴具有專業的第三者，讓這些想法慢慢成形。有時候這麼做會創造化學反應與得到新發現。

15 羈絆：了解自己在社會中的存在意義之際，會知道自己的使命為何。當人與人的羈絆形成，就能超越獨自一人無法超越的界限，也能打破那道名為「不可能」的高牆。

從重視成品的時代轉型為重視過程的時代

市民紛紛投入社區營造的時代和我參與振興市中心的時期恰恰重疊。

在由行政機關主導翻修街景、公園、建築物、市中心商業空間、商店街這類都市空間的時代裡，日本全國各縣市都開始都會化，那股「打造迷你東京」的開發浪潮自然不斷往各縣市蔓延。等到泡沫經濟瓦解之後，造鎮計畫已經無法再依賴空間設計了，市民、NPO這些在地居民的價值觀被迫重新建構，整個社群也被迫思考該地區的未來。

一如二〇〇六年「改正造鎮三法」所象徵的，我參與振興市中心活動的時候，社區營造的主要目的仍是「活化市中心，打造都市『門面』，找回都市的活力」，推動主力依然是商店街工會幹部與周邊

NPO，都屬於純公益的法人組織。

市中心在二次世界大戰後不斷成長，愈來愈繁榮，但泡沫經濟瓦解後，郊區的大型購物中心隨著汽車的普及不斷出現，全國規模的連鎖商店也不斷增加，導致商店街的閒置店面不斷增加，商店街本身則不斷衰退，完全反映了被稱為「失落的二十年」的日本經濟興衰。在愈變愈冷清的市中心一帶，不少人開始批評「商人沒有幹勁」、「行政機關無能」、「商店街太落伍」，盲目地尋找戰犯。

雖然政府為了再度開發市中心投入一筆又一筆巨額專案預算，各縣市的經濟仍然未有起色，我們也發現，透過活絡的商業行為追求富足的時代已經結束了，接下來該做的是從先人手中繼承獨一無二的街景，試著保存與活化街景，以及重建一個核心，透過該核心連結在地居民的生活、工作方式，以及日漸式微的在地社群。

「社區營造」的定義在以在地居民為主體，思考在地特色與持續參與的**過程**[1]之中，已從透過巨額投資打造的空間以及該空間創造的成果，轉型成了經年累月持續進行的創造活動。

---

1 過程：造鎮的物與事的關係，和在地創生的「產品」以及「透過創業不斷循環的創造」非常相似（參考頁五十三）。

創造活動的型態當然愈多元愈好。身為企業家的我是以商業這個型態持續參與，透過創業、商品、服務提供新的價值，再將業績、利益回饋給在地社會，讓整個地區恢復元氣。

我在三十幾歲到四十幾歲前半這段期間投身**社區營造**[2]計畫得出的最佳答案，就是「在地創生創業」概念。

---

2 社區營造：雖然我非常認真地推動宮崎市區的社造活動，卻還是無法讓宮崎市恢復往日榮景。當我謙虛地面對這項事實，也不斷地思考為什麼最終無法達成目標之後，得到了「我的能力不足」這個答案。我知道我會繼續成長，也希望自己成為一個能夠「創造」新事物的人。

帶著強烈責任感，為社造投注心力的九州老大

日南市油津商店街店面綜合支援中心管理人、
株式會社油津應援團常務董事
木藤亮太

如果沒有村岡先生的大力推動，讓油津商店街一步步復甦的小鎮管理母體機構「株式會社油津應援團」絕對沒辦法誕生。正因為有九州鬆餅這項商品，再生的第一步「ABURATSU COFFEE」才能成為具有代表性又熱鬧的咖啡廳，才有許多人從日本各地前來觀摩。

對我來說，村岡先生是責任感非常強烈的九州老大。到現在都被譽為奇蹟的油津商店街雖然歸類為官民合作的社造計畫，其實在計畫剛開始的二〇一三年，根本沒有人知道接下來會如何發展，一切就像是在暗夜的大海裡航行。

為什麼村岡大哥願意不遺餘力地幫忙油津呢？

推動再生事業的契機是管理人甄選的審查。由於必須是「做生意的專家」，所以黑田泰裕先生（當時日南商工會議所事務局長、現任株式會社油津應援團社長）便邀請了村岡先生參與。「因為

有年輕、充滿朝氣的市場帶動」、「因為覺得大有可為」，村岡先生因為這兩個理由爽快地參與了審查員的計畫。現在回想起來，這真是一大轉捩點。

被選為管理人後，約莫在計畫啟動一個月後，我們召開了會議。村岡先生在會議中提到「我選了木藤亮太，所以得負責任到底」以及「我沒辦法提供什麼了不起的建議，只能以企業家的身分參與商店街再生活動」，然後就持續參與到現在。這對當時不知該從何著手的我來說，可說是見到希望之光的瞬間。

不管是計畫啟動之前或之後，我只想對持續幫助我的村岡先生說「謝謝」。即使是現在，村岡先生仍不時提供株式會社油津應援團諮詢，有時還會用力激勵我。如今油津商店街的再生活動已經過了四年，我的活動範圍也從油津擴展至九州一帶。希望今後村岡先生也以九州老大的身分繼續帶領我。

木藤亮太

一九七五年生，來自福岡縣。目前是株式會社油津應援團常務董事、株式會社 HOOT HOE 董事長。透過宮崎縣日南市實施的全國甄選，從二〇一三年七月開始擔任店面綜合支援中心管理人，負責推動被戲稱為「連貓都不會來這裡散步」的油津商店街再生事業，經過四年之後，吸引了超過二十五間新店家與企業進駐。二〇一七年四月就任福岡縣那珂川町的「事業間連攜專門官」，也擔任各地的社造專案諮詢顧問，活動範圍不斷擴大中。

目標是成為宮崎民間市長！徹頭徹尾的社會企業家

株式會社日本經濟研究所社長　**高橋洋**

村岡在二十歲前就離開宮崎，遠赴美國，回到故鄉後歷經了創業的挫折。在老家的壽司店從頭開始，獨當一面之後，開了 Tully's Coffee 咖啡館，再創辦現今的事業，直到現在奠定了一平壽司集團的基礎，成為一般人心目中的成功人士。

不過，他現在投注心血推動的「九州鬆餅」專案就規模與複雜度而言，都是與過去完全不同的生意，我覺得他也將這個計畫當成經營事業的重要關頭，如果這個商業模式得以完成，九州的飲食文化或價值觀或許可在日本國內普及，甚至外溢至整個亞洲。由日本ＩＢＭ主辦的九州論壇每年都會邀請九州各界賢達（村岡先生也會參加），而這些與會人員也帶著相同的期待，守護著在這條路努力不懈的村岡先生。

與他認識的這六年，我一直都對他說「為故鄉著想當然很重要，但現在是關鍵時刻，先讓九州鬆餅上軌道再說」，但他還是很擔心油津商店街的狀況，總是為了調整「MATSURI 宮崎」企劃而奔波。比起自己的生意，他眼下最關心的是 MUKASA-HUB，將更多的時間用來照顧年輕的新創企業家。或許徹頭徹尾的社會企業家身分，正是他受到在這一帶努力的年輕人歡迎的祕訣吧。

宮崎曾有一位在昭和時代創辦宮交集團，帶動宮崎觀光與蜜月旅行風潮的偉大經營者，這位經營者的姓名是岩切章太郎，也被譽為民間市長。希望村岡先生也能努力成為平成年代的岩切先生。

高橋洋

株式會社日本經濟研究所社長。

一九七七年～二〇一一年在日本政策投資銀行服務，二〇一一年～一七年擔任 Solaseed Air 社長。自二〇一七年從事現職。著有《PFI事業實踐手冊》（共同作者，總合 unicom 出版）。

擔任 Solaseed Air 社長時，為了打響公司知名度，提出了「貼近在地與顧客」口號，並被十一位宮崎市民選為顧客代表。從一開始就覺得身為其中一員的村岡先生是個隨時都能提出有趣創意的人，沒想到之後居然立場互換，反而被他有趣的在地振興計畫吸引，一回過神來，這才發現公司與自己都成了村岡先生的啦啦隊。

第三章

只想利用九州素材打造的每日美味

二〇一〇年發生的口蹄疫直接打擊了宮崎的經濟。
之後，宮崎又接連遭逢了禽流感、新燃岳的火山爆發、
三一一大地震這些大型天災，我的公司瀕臨破產。
拚命思考對策之際，
我發現若只將眼界放在宮崎，恐怕難有作為。
打算放眼九州，利用九州的素材開創新事業。
這時，宿命般的緣分到來。
那就是利用整個九州的素材製作的九州鬆餅。
若想在逆境持續前進，
必須絞盡腦汁不斷思考，以及使盡渾身解數，
才能找到想要的未來。

成為九州之光

二〇〇二年，以 Tully's Coffee 橘通店為起點，我接連在宮崎縣內設立了五間 Tully's Coffee，然後在二〇〇八年設立咖啡館「CORNER」。那時候的我依舊在一平壽司的廚房工作，直到二〇〇八年才辭掉壽司店，**專心**[1]經營咖啡館。看到咖啡館的經營上了軌道，也能稍微幫上一平壽司的忙，我心中真是又開心又自豪。

一路看似順利，二〇一〇年宮崎縣卻發生了一件驚天動地的大事：口蹄疫爆發。這場從宮崎縣南部爆發的家畜傳染病讓全縣的經濟活動陷入停頓，一切豬羊變色。

沒有累及鄰近縣市算是不幸中的大幸，但宮崎縣內約有二十九萬八千頭牛或豬遭到撲殺。光看數字可能沒什麼感覺，可是要殺一頭那麼大的牛，還要將牛埋起來，這就不難想像整個過程有多麼吃力了對

---

1 專心：放下多重身分，以「經營」的觀點眺望公司之後會有滿滿的發現，不需要放棄現場主義，但有些景色在第一線看不到。只要是經營者，事業剛開始發展時一定會遇到需要轉換的時期，經營者也必須知道，這是只有自己才能扛起的職責與責任。

吧。獸醫師必須把藥物注射到每一頭牛或豬體內，而且要重複二十九萬八千次，並在幾個小時內將屍體全數掩埋。

隨著每日撲殺的數字往上跳，整個宮崎縣籠罩在愁雲慘霧之中。縣知事宣布「非常事態宣言」之後，日常生活也多了許多規範，這對我與其他餐飲業者來說，全都是**攸關生死的問題**[2]。自主管理的氣氛在整個縣蔓延開來，每天的報導讓我非常沮喪，也沒有客人上門光顧。

為了遏止口蹄疫繼續擴大，外縣市來支援的獸醫師有兩萬五千人次，自衛隊員有一萬九千人次，機動隊與警察也有兩萬三千人次。根據縣政府計算，宮崎縣在那五年內的經濟損失高達兩千三百五十億日圓，畜牧業與地方經濟因此深受打擊。

在宮崎深受口蹄疫所苦之際，我公司的損益平衡表也明顯變糟，艱困的狀況持續了好幾年。雖然我用盡一切手段試著突破眼前的困境，但在走投無路之際想到的方法其實不太奏效。

即便每天都提心吊膽地經營公司，卻不能將心情寫在臉上。如果

---

2 攸關生死的問題：經營公司時，有時會遇到彷彿命運捉弄，無可奈何的事件。驚慌失措、長吁短嘆或是歸罪他人都無濟於事。沒有人會來幫忙，再痛苦也得靠著自己的雙腳站起來，然後繼續往前走。

再不找到出路，創造全新的商機，公司早晚會出問題。然而，當時的我真的不知道該做什麼，每天都只能**暗自摸索**[3]。

看著每個月擴大的虧損，我抱著死馬當活馬醫的心情閱讀了許多經營書籍，也參加各種講座。

我沒有閒錢可以投資店面，只能與員工一起死撐，試著舉辦各種活動、調整菜單，總之能做的都做了，軟體面的改善卻難以獲得立竿見影的效果。覺得「沒有時間繼續等待」的我於是決定要做一件沒做過的事，那就是「開發商品」。

第一個開發的商品是以最棒的素材製作的壽司美乃滋。「壽司美乃滋」的靈感來自父親發明的「萵苣卷」，而這個讓客人在家也能享受祕傳手捲壽司的專用美乃滋雖然吸引了不少關注，卻不是足以讓企業轉型的熱銷商品。

那幾年找不到出口的我真的非常煎熬。經歷多次嘗試與失敗之後，我的內心突然萌生出一股強烈的意志。

「盡可能蒐集九州的原料，再利用這些原料開發新商品。」

---

3 暗自摸索：引領公司或組織前進的人，就算身處黑暗，也必須描繪清楚的願景。暗夜出航的船員（員工）只能相信船長（社長）的命令。為了將性命交託給自己的船員，船長必須忍受精神上的痛苦，帶著大家走出幽暗的隧道，重見光明。再漫長的夜晚也會等到天亮。

只要踏出宮崎，就沒有人知道「宮崎」這個地名，更不會有人知道我正著手振興的商店街叫什麼名字。

若是一直侷限在「宮崎」這個地域，對我、對宮崎都不是上上策。只著眼於「宮崎」很可能會活不下去。就算模仿日本全國各地的做法，開發具有在地特色的商品，最終還是會淹沒在屬於同一類的在地商品中。

我打算跳脫「宮崎」這狹隘的框架。該展現的價值不是「在地」而是「區域」。我想以更寬廣、更高的視野**俯瞰**[4]整個地域，構思囊括整個「九州」的概念。

老實說，我想**堅持**[5]的是，只以九州的原料製作商品，並讓這項商品成為足以代表九州的事業，讓我們這群人成為九州之光。

如果能讓源自宮崎的商品被全世界接受，才算是真正的對宮崎與九州有所貢獻。

商品的概念就這樣確定了，但我不知道自己該開發什麼商品。

後來前往夏威夷的威基基出差時，在專賣有機食品的「全食物超

---

4 俯瞰：從制高點觀察事物。遠眺自己或公司周遭環境的邊界，就能精準地找到該前往的方向或該做的事。

5 堅持：站穩腳步，絞盡腦汁想出「只剩這個了」的概念。希望創造受到大多數消費者喜愛，以及被其中的百分之一「熱愛」的商品。當開發者的堅持引起許多人的共鳴，商品或服務就能獲得部分消費者瘋狂的支持。

市」（Whole Foods Market）架上，我偶然注意到了某一項商品。該商品的名稱是「10 Grain Pancake Mix」，意思是使用十種雜糧製作的美式鬆餅綜合粉。

「我想到了！我應該開發美式鬆餅綜合粉！」

我就像被雷打到一樣。儘管當時的我已經找到「使用九州的素材開發商品」的概念，卻不知道該開發什麼商品，因此那簡直就是**靈感湧現**[6]的瞬間。

「東京現在正流行鬆餅咖啡館，這波熱潮一定會擴散到日本各地。這股在咖啡館興起的風潮肯定也會擴散到一般家庭。

既然要開發商品，就要做囊括九州各地特色的商品，也就是從七個縣蒐集各種素材製作的『Seven Grains』！我要利用在九州採收的雜糧製作能充分突顯各種素材原味的全新美式鬆餅綜合粉！

我要讓消費者看到所有素材的產地，替商品建立生產履歷（traceability）！追求天然滋味的美式鬆餅綜合粉一定能與超市那些利用添加物增添風味與口感的商品做出市場區隔，這種美式鬆餅綜合

---

6 靈感湧現：不斷思考自己的課題或問題，做了所有能做的事，才能找到靈感。偶然的邂逅有可能是那「最後一塊拼圖」。只有準備好的人，才有遇到靈感的機運。

粉一定是正確的選擇！」

靈感接二連三湧現後，九州鬆餅的概念立刻變得無比清晰。

長年經營 Tully's Coffee 的過程中，我總是想盡辦法提供「讓客人能夠開心度過的時間與空間」，腦中因此自然而然浮現「讓客人在家裡的飯桌旁，享受歡樂時光的鬆餅」這概念。

若只有這些理所當然的想法，做不了生意，所以我拚命思考其他人沒想過的事，**請教**[7]那些沒人聽過的事。

儘管這幾年屢屢來襲的大型天災讓人快要撐不下去，我也為了開創未來而不斷地嘗試與失敗，但就在無計可施之際，這個靈感像是上天賦予的唯一機會。

上天不會給人無法承受的**試煉**[8]。我真的如此認為。

---

7 請教：若只是坐在原地等待，往往會有很多事情不知道。有些訊息必須主動請教別人才會知道。

8 試煉：從「失敗」或「困境」學習，以及催生新事物。痛苦的經歷往往會帶來新的認知。只有不斷掙扎以及敢於踏出第一步的人才會變強。對企業家來說，「試煉」能讓人成長。

外行人才想得到的嶄新概念

在夏威夷全食物超市架上看到「10 Grain Pancake Mix」後沒多久，我想到了全九州素材的美式鬆餅綜合粉這個靈感！

趁著興奮尚未消退，回日本後，我立刻逛遍東京所有高級超市，採購了**各式各樣**[1]的綜合粉，決定試吃看看。

當時的日本超市統統只擺一、兩種大型製造商生產的鬆餅綜合粉，它們的歷史雖然悠久，卻都不是「美式鬆餅綜合粉」。我透過網路搜尋鬆餅綜合粉，又找到了幾間中小型製造商的產品，便把買得到的種類全部買下來，從頭到尾試吃一遍。

市占率最高的加工食品通常會成為「代表該國的味道」，獨立的小型製造商多半也會模仿大型製造商的風味，全世界的加工食品大概都有類似傾向。當我從國內外買來各種鬆餅粉或美式鬆餅粉並開始試

---

1 各式各樣：最好全部試過，不能只試一樣、兩樣。把能做的事情全做一遍，並在過程中尋找自己的核心概念與方向。做完所有可做的事情可讓自己找到絕對的價值標準，讓後續的判斷變得更迅速確實。

吃後，發現鬆餅粉的市場也是。

我們從小吃到大的鬆餅綜合粉，通常是由大型製造商生產的產品，也是日本人熟知的鬆餅風味。這類鬆餅綜合粉的特徵有四個，第一是很甜，第二是口感入口即化，第三是質感蓬鬆，第四是隨附的楓糖糖漿風味。大型通路業者自創的鬆餅綜合粉多半由大型製造商委託生產（OEM），所以方向性也頗為一致。

分析成分之後，我還發現一項有趣的**特徵**[2]。為了讓鬆餅吃起來更甜，大部分市售商品都摻雜了近百分之二十的砂糖；為了創造蓬鬆的口感，讓成品的品質一致，大部分市售商品也都使用了食品添加物。這些食品添加物雖然合乎使用規範，但這類產品通常還會使用不需另行標示的酵素類品質改良劑。

我是這個市場的新人，也是徹頭徹尾的**外行人**[3]，因此將這些劣勢視為優勢，也才會排除所有的成見，決心生產「全新概念的產品」。

我堅持**活用**[4]素材的風味，不使用多餘的添加物。我想製作的不

---

2 特徵：記得懷疑一般人知道的特徵是否為正確解答。先行商品的特徵往往就是各種商品都有的特徵，而這通常已經是紅海市場。記得找到只有你才知道的特徵，這種特徵將成為商品的個性。

3 外行人：因為很多事情不知道，所以能做的事情也很多。一旦被各種成見束縛，有些東西就會看不見。走在未知的路上讓人興奮，也讓人害怕。不知道該往哪邊走時，記得選擇讓人興奮的那條路，你會在路的盡頭遇見不受既有框架束縛的全新觀點與發現。

4 活用：活用自己的「喜好」與「興趣」。生產商品的話，可活用素材。這是一種接近拼裝（bricolage）概念的方式。在商業世界的話，就是活用員工與夥伴的能力。要想充分活用素材或是對方的能力，就必須徹底了解素材或對象。

是假假的蓬鬆感，而是善用小麥與雜糧的特性，創造如同麵包般柔軟的口感。

此外，我要讓所有素材都具有「可追溯性」，打造擁有生產履歷的商品。山間的古代米梯田、熊本縣阿蘇山周邊的小麥田都是九州的原生風景，我想讓更多人看到。

對於原本就擁有極高市占率的製造商來說，只使用限定產地的素材會有調度上的風險，所以幾乎不可能這麼做，但如果是我們的話就做得到。這是我們特有的生產方針，我也覺得這麼做或許會有一絲勝算。

二〇一〇年的口蹄疫讓宮崎陷入前所未有的景氣低迷。好不容易等到口蹄疫平息，緊接著發生了禽流感，橫跨宮崎縣與鹿兒島縣的新燃岳火山又爆發，接二連三發生不同的災害。

然後，二〇一一年三月十一日發生三一一大地震，整個日本都籠罩在不安的陰影之下，我的公司也耗盡了資金，連員工的薪水都得向銀行貸款才付得出來，經營狀態陷入挖東牆補西牆的困境，沒有任何資金可以開發商品。

「如果開發失敗，公司恐怕真的會結束」，內心如此恐懼的我決定一個人默默地進行這項挑戰。

就是因為沒做過才有趣啊

「百分之百使用宮崎芒果」、「大量使用福岡甘王草莓」，超市通常排滿了有著漂亮插圖與吸睛文案的商品，其實我以前一直很**排斥**[1]這種誇大產地的文案。

身邊的人都告訴我，就算只摻百分之一的果汁，或是利用香精調出風味，只要能夠成為大型製造商的商品就可以採購大量的原料，也可以宣傳產地，但對我來說，這麼做只是為了增加商品的銷路，有一種地名或品牌被利用的感覺。

為了東京大型製造商的利益而消耗重要的地域資源。我在無力改變現況卻又進退維谷的情況下，著手挑戰商品開發。

儘管已經確定商品概念是「只使用九州的原料，生產完全源自九州的在地產品」，但一切都是第一次嘗試，我並不知道該從何著手，

---

1 排斥：排斥感永遠都是正確的，我們不會排斥未曾經歷過的事情。只有當我們累積了一些經驗，下意識地覺得「這個好像有問題」才會覺得不對勁。如果一直忽略排斥感，有時候會釀成難以挽救的災難，所以就算感覺不那麼強烈，也千萬不要忽略它。

於是一邊了解小麥和稻米的生產過程，一邊走訪九州大大小小的產地。

在專家面前，一知半解的知識不管用，我決定有什麼不懂的就請教對方。實際走訪產地時，農家讓我了解了生產現場的現況與農作物的相關知識，我也身體力行地體會了農業相關課題，並以自己的所見所聞思考著。剛開始的半年內，我**重複**[2]走訪產地、吸收相關知識。

我也遇到很多**問題**[3]。比方說，該如何決定食譜中各種原料的比例？又該以什麼樣的標準蒐集小麥、稻米、雜糧等原料？原料該放在哪裡貯藏？該去哪裡磨成粉？就算產品真的完成，又該怎麼包裝？在哪裡銷售？真的調得到食材嗎？一切的一切就像在拼一幅巨大的純白拼圖，完全不知道該從何著手，也是一連串看不見出口的作業。

唯獨在夏威夷發現的「10 Grain Pancake Mix」概念非常明確，「要從九州全縣蒐集素材」的概念同樣無比確定，接下來還想套用多年累積的社區營造理念，也就是創業、讓企業壯大，再回饋營業額或利潤，

---

2 重複：若是因為惰性而停止思考，那麼所謂的重複就只是某種例行公事。在重複某些行為的過程尋找目標，並予以改善，然後一步一步地前進。正所謂滴水穿石，總有一天能找到突破僵局的方法。

3 問題：是否將問題當成「做不到的理由」？還是當成「一旦跨越，就能更接近夢想的門檻」？其實有些問題是讓我們實現夢想的線索。浮出檯面的問題背後，一定有解決該問題的方法。

藉此活化整個地區。這項商品除了能讓公司恢復生機，若能成為熱銷商品，這個構想將能昇華成讓整個九州與各產地恢復活力的計畫。

儘管滿腔熱血的我在半年內走訪了無數產地，但愈是往前進，就愈容易遇到擋在面前的**高牆**[4]。

每次問農家或工會成員「這個有賣嗎？」，對方通常不予理會，因為我根本不知道要買多少，也不知道買來要用在哪裡。此外，我造訪了好幾間在宮崎的加工公司，向他們提到我的想法，卻從來沒有獲得正面回應。

「如果要生產使用九州小麥的美式鬆餅綜合粉，只需要拜託填充設備完善的工廠就可以囉。不過你已經確定原料的成分或寫好食譜了嗎？所有素材，包含砂糖與鹽都只用九州的？而且還要無添加？我沒試過這種做法耶。」

「就是因為沒試過才有趣啊，請您務必助一臂之力。」

即使這樣拜託對方，通常也只會得到含糊不清的回答，沒有半點進度可言。

---

4 高牆：難度很高的課題或問題。擋在眼前的牆壁愈高、愈厚，就愈有跨越的價值，也能獲得更豐碩的成果。如果遇到前所未有的高牆，代表夢想即將實現。只有在渴望成長時才會遇到高牆，也只有能夠跨越高牆的人才會脫胎換骨。「眼前的高牆有其價值所在」的想法是成立的。

被眼前的高牆擋住之際，我突然想起住在熊本縣的朋友喜悅壽夫。他一直都在總公司位於熊本縣、並在九州各縣設立門市的中型連鎖超商擔任採購員與商品開發員，以前要讓一平壽司監製的「萵苣卷」在超商上架時，曾經請他幫忙與協助。

我無論如何都想請教喜悅先生，順利的話，說不定還能請他介紹通路，**立刻**[5]打了通電話。

我們約在喜悅先生的工作結束後的某天下午，於熊本市內的咖啡館碰面。我一邊給他看夏威夷的美式鬆餅綜合粉照片，以及我的概念表，一邊開心地與喜悅先生暢聊。

「喜悅先生，夏威夷的超市架上有很多種鬆餅綜合粉，光是美式鬆餅綜合粉就有幾十種，日本的鬆餅綜合粉只有一、二種，我覺得這個想法一定會成功！」

他卻給了我一個有點意外的答案。

「村岡先生，日本的超商或超市空間有限，很難在架上陳列同一個品牌的各種綜合粉。只擺一、二種是有原因的。」

---

5 立刻：一旦浮現「就是這個沒錯」的想法，就要立刻確定是否要加以執行。一旦確定就要立刻付諸行動，不要有一絲的煩惱與猶豫。只有先採取行動才能得到答案。反之，如果思緒很亂，沒辦法立刻做出決定，可先等到狀況明朗再做決定。

日本不像美國擁有大片土地，門市的大小與貨架數量本來就不一樣，兩邊的文化、生活方式、物流型態也不同。喜悅先生非常客氣地告訴我那些我不知道的業界常識。

有些想法會因為這些「常識」而無法誕生，但有些商品的構想也只有外行人才想得到。

為了實現想法，我要打造全新的團隊，帶動全新的需求。在通路有限的九州稻作市場裡，能與農業百分之百結合的商品一定會被在地人接受。我要以非原料生產者才想得到的創意一決勝負。這不就是現在的農業需要的創新嗎？

我們兩個愈討論愈起勁，場所從咖啡館換到餐廳都聊不完。我猜我們至少聊了五、六個小時。

最後喜悅先生告訴我：

「我知道了，村岡先生，我們就試試看吧！我還是上班族，能協助的有限，但我覺得這是很**有趣**[6]的想法，會利用休假與空檔盡力協助。只是我雖然可以給你建議，卻不能保證找得到通路，這是村岡先

---

6 有趣：要創辦事業就必須與許多人攜手，同心協力合作，所以企業家必須比任何人都先感受到這項事業的價值。只有當你清楚地描繪該事業的魅力，其他人才會願意幫助你。能否讓別人起心動念，端看這份事業是否具有讓你覺得「很有趣」的價值。

生得自行努力的部分了。」

用力握了彼此的手之後，我帶著滿腔感謝開上高速公路，踏上單趟三小時的路程返回宮崎。

我們的未來、製粉業界的未來

我一邊接受喜悅先生的建議，一邊開始走訪美式鬆餅綜合粉的原料（穀物）產地，同時尋找製粉**夥伴**[1]。不管拿到的素材多好，若沒有優異的製粉技術，就做不出沒有任何添加物的美式鬆餅綜合粉。為了調配各種原料與設計食譜，我需要一個能不斷試作樣品的研究開發據點。

九州的製粉工廠其實各有規模與型態，有些只是車站旁的工廠，裡頭僅擺一台小小的製粉機，並以手工製粉的方式加工，有些則是幾十年來只處理當地生產的小麥，與在地緊密結合的精製工廠。有時候喜悅先生會和我一起拜訪製粉工廠，但都得到差不多的答案。

「我覺得這個想法很有趣，但要生產村岡先生提到的鬆餅綜合粉很困難喲。」

---

1 夥伴：起步時絕對要慎選夥伴，不能有半分妥協。一開始要毫不畏懼地帶著熱情，述說自己的想法，接著選擇志趣相同、值得信賴與相處，又擁有豐富感性的專家。

聽到「很難喲」這種不清不楚的回答，不知道對方說的是「雖然很難，但我們的**技術**[2]應該辦得到」，還是「這個很難，我們辦不到」。如果繼續追問，對方通常會先說「我沒說不可能」，然後列出一堆「不願意做的理由」，每次我都不知道是不是真的被對方拒絕，悶悶不樂地踏上歸程。

從宮崎縣到熊本縣或佐賀縣的話，單趟車程大概是一百二十幾公里，大約需要三、四小時。為了節省住宿費，我都是當天往返，而且一個月往返很多次，每次聽到「很難喲」都覺得很難過。

某一天與喜悅先生講電話時，他說：「我的客戶之中有一間熊本製粉，要不要與這間公司的部長見個面？」熊本製粉株式會社是九州規模首屈一指的製粉公司，而且是創立於一九四七年的老字號。

聽到公司名稱後，我心中閃過了一絲不安。其實我打電話詢問過這間公司，那時候對方說「會幫忙介紹宮崎的物流營業所負責人」，我當下卻**拒絕**[3]了。我那時想見到的是負責開發的人，要是物流子公司的負責人變成窗口，想法就得透過別人傳達，感覺就像在玩傳話

---

2 技術：尋找夥伴時，絕不能輕易相信對方口中的「技術」，因為眼下不過是根據目的進行的客觀評估。在投入有限的資源之前，必須不斷地溝通，掌握確實的資訊，利用自己的感官與直覺徹底了解對方的技術。

3 拒絕：為了達成目的，有時候會被迫毅然決然地拒絕、否決與撤退，千萬不要妥協，否則會在計畫不順利的時候找藉口。絕對不能把事業的命運交在別人手中。

遊戲一樣，這麼一來，我的想法就無法正確地傳達，也無法做出好產品。

「喜悅先生，我以前拒絕過對方，沒問題嗎？」

確定商品概念以後，我光是走訪產地與尋找製粉公司就耗費了一年多的時間。走投無路的我已經沒有選擇餘地，只能前往熊本製粉拜訪。

我一個人緊張兮兮地在會客室等了一會兒後，走進來的是笑容可掬的營業部長山口祥夫先生。由於需要開發者的意見，所以山口先生請來另一位負責開發的女性，一起認真地聽完我的想法。

在該領域的專家面前講這些我從來沒有實際做過的事情，真的很**丟臉**[4]，可是再這樣下去的話，恐怕一切就要結束了，機會只有一次而已。

「我覺得一直做同樣東西的話，製粉業界沒有**未來**[5]可言。如果只是生產產品，誰都有辦法，所以不是生產**日本第一**[6]的味道與品質就沒有任何意義。只要能做出我理想中的美式鬆餅綜合粉，我有讓這

4丟臉：需要別人幫助時，應該更坦蕩直率。每個人都有丟臉的時候，也必須學習與自己的軟弱相處。謙虛的人都懂得「自負責任」的道理。一旦決心背負責任，丟臉只是一件「不值得一提」的小事。

5未來：如果真有能改變身邊一切的願景或未來，就可以不假思索地奔向這個未來，能將這件事視為天命的人是幸福的。

6日本第一：奉獻一切真能得到回報嗎？你到底想在哪個領域斬獲市場？那真的是你的理想嗎？想知道這些問題的答案就必須先徹底調查。創業就要有自我犧牲的覺悟。既然要做，當然要以第一名為目標。

個產品普及全日本的**自信**[7]！」

已經不管對方會怎麼看我了，我一股腦地說明事業的概念如何誕生、這商品有哪些與眾不同之處，以及我看到九州的農業出了哪些問題。

「山口先生，您覺得如何呢？」當我開口問了這句話後，山口先生怔了一下，直直地盯著我。

「村岡先生，敝公司也有自創的鬆餅綜合粉喲。您剛剛是在我們面前說，要超越現有的鬆餅綜合粉，生產日本第一美味的商品嗎？」

我當下覺得自己「搞砸了」，但話既出口，一切都已來不及。

「啊……我不是這個意思……」話才說到一半，山口先生接著對我說：

「這說不定是我們這些長期與小麥和雜糧相處的業者、農家想都沒想過的概念。就讓我們一起做做看吧！」

山口先生那沉穩的笑容與眼神透露著亟欲挑戰的熊熊烈火。那個笑容，至今都深深烙印在我的腦海裡。

---

7 自信：不是因為相信自己能實現自己描繪的未來而有自信，而是因為有一定要實現這個未來的決心、覺悟與堅毅才有自信。

這就是我想製作的鬆餅

總算找到讓人**內心踏實**[1]的夥伴了。這位夥伴是以熊本縣為據點，盡力活用九州小麥與活化產地的熊本製粉，寬廣的廠區中有最新設備齊備的工廠，還有獨棟的研究所。主原料小麥會透過熊本製粉的管道取得，所以只剩下雜糧的問題要解決。

之前走訪產地時我發現，某些地區的雜糧不是透過大型農協工會的管道流通，而是透過長年支持農家或產地的雜糧商社以及獨立的流通管道。現在我們需要建立一個能持續合作的「九州鬆餅團隊」，我覺得破壞雜糧現有流通管道的做法本末倒置，便拜託熊本製粉的山口先生幫忙安排，讓我有機會與在宮崎縣日向市設立總公司的雜糧商「株式會社 KODAMA」專務兒玉和憲會面。

當時正值初夏，儘管太陽高照，迎面而來的風卻非常乾爽，很有

---

1 內心踏實：遇到困難或阻礙時，每一位超越組織藩籬，前來幫忙的夥伴，都能為企業家加油打氣。請大家為自己找到一位能敞開心胸商量的夥伴。擁有能分享成長喜悅的夥伴，你的事業才有機會成功。

宮崎的特色，我在這樣的日子裡前往日向。

同鄉[2]的兒玉先生曾經聽聞我的公司以及我在社區營造方面的成績，熊本製粉的山口先生也先幫我說了不少好話，交涉進展神速。

「我想回應村岡先生的想法。除了讓消費者知道產地，那些對於生產者的理念與農業的想法我都非常支持，請讓我為您介紹通情達理的一流農家。」

沒想到乍看之下身材魁梧、個性卻十分溫和的兒玉專務，居然也是一位胸懷熱情的人，而且也有同為宮崎縣民的共鳴，「讓我們從宮崎掀起這股旋風吧」，我對他說。緊緊握住彼此的雙手之後，兒玉專務帶我去看發芽糙米的加工工廠以及雜糧的充填設備。

製粉工廠、小麥、米、雜糧，所有的夥伴總算都到位了。接下來只剩下「製作」日本第一的美式鬆餅綜合粉。

由於取得素材的管道非常暢通，所以能夠以任何一種雜糧試作，但九州的雜糧實在太多種，連營養價值較高的大豆以及其他穀物都被當成檢討對象擺上桌，我們也開始試作樣品。

2同鄉：吸著相同空氣，吃著相同食物，說著相同方言的「同鄉」之間，有著不需言語說明就明白的共同感受與親切感。這種瞬間就能成為「老兄弟」的關係與心意相通的感覺，只有來自同一個地方的人才有。我覺得能與同鄉一起振興故鄉，以相同的目的一起做生意是件很棒的事。

請熊本製粉的研究所試作樣品之後，我花費單趟三個小時的車程前往試吃，然後給予回饋，再繼續試作。雖然每個月都如此往返，但畢竟是新的嘗試，一切都不如預期與**想像**[3]。

儘管我提出的概念是「無添加」，試作品還是添加了加工澱粉與乳化劑。研究所的人告訴我「添加物不一定對身體不好，如果不加的話，沒辦法烤成鬆餅的樣子」，我知道這層道理，但我不能在這時撤退。

「我知道很嚴苛，但我只想用九州的素材生產鬆餅綜合粉。請放下所有的**既定概念**[4]，也不要放任何多餘的東西。」

我知道自己很任性，有時候整個場面的**氣氛**[5]也會變得很僵。

整個流程就是不斷地調整素材的種類與比例，我也透過多次的試吃給予回饋。經過了半年左右的試作期後，前往熊本的九州汽車專用道也進入了開滿紅葉的季節。

研究室的人放話「他們已經找不到更好的改良方法」，最後的樣品也總算完成了。

---

3 想像：到底想提供的是哪種產品與服務？你自己必須先擁有一個與概念完全相符又非常詳盡的想像，也必須用盡一切手段與共事的人分享這份想像。

4 既定概念：要創造新價值就必須顛覆既定概念。既定概念本身沒有問題，問題在於被既定概念困住而停止思考。長壽的企業或商品雖然都有所謂的理念或理想，卻也因為能視情況調整自己，才有機會成為老牌企業或長銷商品。

5 氣氛：有時候得故意假裝「白目」。如果總是選擇鄉愿，就無法催生新價值。想要創新的人，就得如坐針氈地忍受痛苦與孤獨，擁有足夠強大的內心。唯有在孤獨之中做出決策，以及決心承受一切責任，才能找到真正有價值的東西。

第一步，我只用水、雞蛋與這款鬆餅綜合粉混合，但最後煎出「麻糬口感的煎餅」，和我的想像不太一樣。

接著我又用不同比例的牛奶與雞蛋試作了幾個版本。雖然味道都不錯，但質感不夠蓬鬆，口感也和我想像的不一樣。

試吃時，所有人都緊緊盯著我的手與表情。

「總感覺哪裡出了問題……」，但到底「哪裡出了問題」又說不上來。

我非常能夠體會研究所的大家這幾個月拚命試作的心情，但都已經走到這一步了，絕對不能說**妥協**[6]就妥協。我不敢抬頭看著大家的臉，只敢低著頭小聲地說：

「真的非常抱歉，這實在不是我想像中的味道，能不能再試作最後一次呢？」

整間研究室陷入一片靜默。我感覺大家似乎已經使盡了渾身解數。

「不好意思，我離席一下。」我走進洗手間，深深吸了一口氣，

---

6 妥協：堅持沒有所謂的底限。由於沒有所謂的一百分，所以不斷地追求完美，最終有可能因為時間不夠而妥協，也有可能因為在意旁人的想法而妥協。只有超越這些妥協，遠大的理想才有可能實現。

兩眼直直望著遠處的天空。夕陽已經進入了尾聲。

「該不會這個想法本來就無法實現吧？再怎麼拜託大家也無法達成嗎⋯⋯」

正當我這麼想時，卻突然想到了一個點子。

「會不會問題出在牛奶、雞蛋與鬆餅綜合粉的比例呢？如果把食譜做得簡單一點說不定可行。不如把比例調整成雞蛋一顆、牛奶一杯、鬆餅綜合粉一包這種『一：一：一』的比例。」

一直以來，我都是依照研究所準備的食譜試吃，從來沒試過這種最單純的配方。回到研究室告訴大家剛剛的想法後，我急著重新秤量素材比例，著手試作。

雖然是靈機一動的最後嘗試，我卻覺得**奇蹟**[7]即將降臨。蓬鬆厚實的外觀、充滿彈性的獨特口感，雜糧與白米交織而成的甜美與豐富的風味，這就是我渴望已久的美式鬆餅！

「各位，就是這個！這就是我想要的美式鬆餅。真是**太棒了**[8]！」

雙眼泛著淚光，開心得不得了的研究員紛紛抱在一起慶祝。這下

---

7 奇蹟：做完所有能做的事情，以及做好所有準備的人，奇蹟一定就會降臨。成功人士之所以會說「自己運氣不錯」，其實就是因為他們盡了一切的努力。

8 太棒了：遇到「就是這個沒錯！」的東西時，只會感動地說出「太棒了！」其中沒有半點客套話的成分，有的只是純粹的感動。

子，所有材料的比例都確定了。

這個美式鬆餅綜合粉除了使用大分縣與熊本縣的兩種小麥，還使用了來自宮崎縣綾町松井農園的白米，這處農園採用的是無農藥的合鴨農法，然後將白米送到日向市的 KODAMA 工廠製成發芽糙米。此外還使用了來自長崎縣雲仙市梯田的無毒粳黍、來自佐賀縣的胚芽燕麥、熊本縣菊池市與福岡縣系島市的黑米與紅米，這兩種米都被譽為是稻作起源的古代米。在鹿兒島肥沃大地種植的蓬萊米則為這款鬆餅綜合粉提供了Q彈的口感。

在砂糖的部分，使用了以沖繩縣、鹿兒島縣的甘蔗製作的蔗糖，這種蔗糖的特徵在於甜味非常溫潤。這款美式鬆餅綜合粉沒有使用乳化劑、香料、加工澱粉以及其他添加物，連膨鬆劑都選用不含鋁的。

我的目標是讓這款商品與農家一起在這塊土塊**扎根**[9]。希望透過充滿笑容的餐桌**連結**[10]產地與消費者。九州鬆餅總算誕生了。

走到這一步後，我才對公司內部員工說明九州鬆餅的構想。我知道突如其來的發表會讓員工大吃一驚，但我終究是個只往前看的人，

---

9 扎根：在這片土地扎根的商品或服務是在地文化不可或缺的一環。奠基於在地的大自然、風土人情、歷史、傳統、文化、產業的事業自然會成為在地文化之一。創業時，請先用心觀察自己的故鄉。

10 連結：連結人、物、資訊就是邁向未來的創造行為。連結可引發化學變化與創造新的價值。

便對著啞口無言的員工滔滔不絕說著自己對這項商品的熱愛，提供協助的農家、廠商又多麼棒，同時也讓員工知道這些農家與廠商生產的素材與產品如何珍貴，總之就是用盡全力述說著公司與九州的未來，員工也接受了這個準備初試啼聲的新專案。

九州鬆餅在二〇一二年十二月正式銷售。

軸心腳站在故鄉，另一隻腳跨向世界

在九州鬆餅上市銷售前那幾年，於東京原宿開幕的夏威夷鬆餅「Eggs 'n Things」曾引起空前熱潮，熱潮並慢慢朝全日本蔓延。雜誌或綜藝節目紛紛推出鬆餅特輯，九州則是從福岡縣開始流行起來，提供鬆餅的咖啡館門口總是大排長龍。

我覺得這股熱潮是從「鬆餅到底是什麼？」這個平凡無奇的疑問開始的。「我知道以前的厚鬆餅，但這次造成流行的鬆餅到底是什麼樣的甜點啊？」產生如此疑問的消費者為了體驗這道新甜點而在咖啡館門口排隊，媒體也競相報導。

當時我非常**冷靜**[1]地看待這股鬆餅熱潮，同時覺得「以前有過類似的現象」。

我覺得這股鬆餅熱潮與二〇〇二年 Tully's Coffee 開幕之際非常

---

1 冷靜：有時我們會被對事業的熱情沖昏了頭，無法做出適當的判斷。做生意時必須盡可能善用時間，同時擴展自己的認知範圍，接著蒐集資訊，客觀地觀察與分析事實。在這個過程中，必須時時保持冷靜。

相似[2]。

能夠成為新的飲食文化，在整個社會扎根與帶動風潮的服務或料理其實沒有那麼容易誕生，但某些特定飲食的品項卻可以每隔幾年就掀起熱潮。

源自西雅圖的 Tully's Coffee 或星巴克催生了「精品咖啡」與「西雅圖式咖啡」這種新的品項，也在全世界造成流行。

到了一九九〇年代，這些知名品牌陸續進入日本市場之後，便改變了日本過去的喫茶店文化。

我自己也為了將這股潮流引進故鄉，二〇〇二年在宮崎市開了「Tully's Coffee 九州一號店。由於宮崎市民第一次嘗到「拿鐵」或「摩卡」這類花式咖啡，九州一號店在宮崎引起了不小的轟動，許多客人甚至特地遠從外縣市來朝聖。Tully's Coffee 既能提供西雅圖式的咖啡館空間，又能提供由咖啡師製作的濃縮咖啡，顧客還能透過這杯濃縮咖啡享受「非日常」時光，所以才會獲得顧客的支持與青睞。

就算一開始不太習慣、有點不知所措的顧客，只要多來幾次，這

2 **相似**：一邊觀察現象，一邊了解現象的架構。表面的現象再怎麼多變，架構往往是一致的。若發現過去的經驗與眼前的現象相似，就能迅速而確實地做出判斷。

間店就會變成這些顧客的「**日常**」[3]場所。Tully's Coffee 以「連接職場與家庭的另一個空間」這概念，彰顯了咖啡廳空間的價值。覺得這間咖啡館是「另一個放鬆空間」的顧客便不斷帶來新顧客，新的咖啡文化也透過口耳相傳的方式普及，一步步於宮崎扎根。

鬆餅熱潮中同樣能發現這股潮流。在東京以外的其他縣市，鬆餅仍是沒人吃過的新甜點，所以我才認為它一定會在全日本普及。

另一方面，我也從當時的咖啡廳熱潮學到了教訓。當消費者習慣了新事物，只會選擇「正牌貨」。雖然 Tully's Coffee 和星巴克蔚為**風潮**[4]後，許多位於西雅圖或美國西岸的咖啡品牌紛紛進軍日本市場，但經過了幾年的汰弱留強，徒具其表的咖啡廳亦隨之消失，我覺得「這個現象肯定也會發生在鬆餅上」。

此外，我從經營 Tully's Coffee 的過程中學到另一件事情，那就是被譽為「新飲食文化」除了能引領風潮，最終也會換個名字於社會普及或扎根。

以過去的「喫茶店」為例，就成為年輕人口中的「咖啡館」。常

---

3 日常：當我們置身於非日常的時間或空間中，慢慢地，這些時間與空間就會變成我們的「日常」，而且我們都會想讓別人知道那些「專屬自己的日常」。一旦這種連鎖反應從早期採用者（early adopters）擴散到大眾（majority），市場便會跟著擴大。

4 風潮：風潮往往是轉瞬即逝的短命現象。若只看到風潮的表面，絕對無法創造永續經營的事業。若能事先察覺潛在需求，正確了解需求的本質，就能在迎來下一波風潮之前先採取行動。風潮正流行時，我們往往會有這股風潮不會退燒的錯覺。為了不在風潮突然退燒時被殺得措手不及，就必須每天從制高點觀察自己的立足點。希望大家能在風潮退燒之前，搶先一步另闢蹊徑。

在超商看到的「咖啡牛奶」或「咖啡歐蕾」也在西雅圖咖啡流行之後被稱為「咖啡拿鐵」，全新的冷飲擺滿了超商的冰箱。

現今蔚為話題的鬆餅說到底就是一股來自夏威夷的風潮，許多人只是衝著外國老牌鬆餅店的品牌才跟風。

另一方面，各縣市的咖啡館鬆餅菜單雖然各有不同配料，但都是使用大型製造商生產的營業用鬆餅綜合粉，唯一的差異大概就是在不同的店有不同的名字而已。這種只是為了充實選項才增加的鬆餅，我實在不覺得會成為固定菜單。

「夏威夷品牌引爆潮流之後，薄鬆餅一名漸漸變成了美式鬆餅，也漸漸普及，我希望我們能在這時候搶先提供以美式鬆餅命名的鬆餅綜合粉。如果全部使用國產食材製作，安全又衛生的美式鬆餅綜合粉能夠進入只有厚鬆餅綜合粉的市場，這項商品肯定會被消費大眾接受。」

我之所以會這麼想，是潮流總是如此變化。

二〇一二年冬天開始銷售後過了一年，九州鬆餅在農林水產省主辦的餐飲競賽「第一回在地產物國民大賞」獲頒大獎，得到「日本第一的在地產品」稱號，這一切歸功於所有素材都能追溯到產地與農家，以及對安心、安全的徹底堅持。這是讓整個九州成為**區域品牌**[5]的全新創意，更重要的是，這項產品是以九州的白米與雜糧創造的「Q彈、蓬鬆」口感與滋味獲獎。

此外，我們開發的九州鬆餅也因 Facebook 與 Instagram 這類社群分享服務在全世界普及，透過口耳相傳的方式，瞬間在年輕女性族群之中擴散。二〇一六年，於日本全國播放的經濟紀錄片節目《寒武紀宮殿》替九州鬆餅製作了特輯，九州鬆餅因此瞬間在全日本打開了知名度。

九州鬆餅一步步進入全日本的家庭當然令人開心，但我心中又開始**糾結**[6]了起來。

不被在地人喜愛的商品最終只是曇花一現的熱潮。九州鬆餅應該成為於在地扎根，深受在地人喜愛的長銷商品。既然是冠上「九州」的鬆餅綜合粉，那麼比起在其他縣市的營業額，更應該將軸心腳放在

---

5 區域品牌：公司所在地區（在地）的經濟不一定能持續發展。地方政府必須解決的問題愈來愈多，少子高齡化或人口減少的問題也愈來愈嚴重。讓自家公司的服務或品牌的特性與廣域的在地資源結合，透過整個區域的價值問鼎更大的市場服務或商品，在地方創生的概念之中稱為「區域品牌」。

6 糾結：存在於心中的兩種相反價值。這種相反價值也會不斷地成長。現在走的路是正確的嗎？還是該停下腳步，轉換方向呢？經營公司時常會遇到這種天人交戰的情況。「繼續往前走」與「改變路線」都是正確的選擇。正面面對糾結，並在解決之前盡情煩惱，等到得出結論就會成長。

九州才對。我不禁這麼想。

一開始，我在宮崎市的商店街租下一間閒置店面，開設了以小朋友為對象的鬆餅教室。為了讓大家都能輕鬆參加，相關課程免費，我請了一位員工進駐，一邊讓大家享受九州鬆餅的美味，一邊為大家解說產品的原料有哪些堅持，又有何意義，同時還讓大家知道食品的安全與健康。

一開始只有二、三組親子檔小心翼翼地推開教室大門。能就近看到顧客吃完九州鬆餅後的**笑容**[7]真是件讓人開心的事。隨著舉辦次數增加，參加者愈來愈多，九州鬆餅也慢慢地在這片土地推廣開來。

到最後，會場不只固定在同一個地方，我們開始巡迴在地的幼兒園與小學，利用九州鬆餅舉辦**食育教室**[8]，幫忙銷售的超市也主動替九州鬆餅舉辦了以一般顧客為對象的料理教室，以及以親子為主的鬆餅教室。到了二〇一七年十二月，全年舉辦次數已經超過了一百次。

我的公司從一間壽司店起步，我非常重視「讓在地人帶著笑容吃到美食」這個極為單純的動機，希望能在這塊土地慢慢成長，就算到

---

7 笑容：不管提供何種服務，創業家最開心的就是看到顧客的笑容。每個人的動機雖然不同，但共通的想法都是「希望讓顧客開心」。事業的規模與看到的笑容會成正比。

8 食育教室：即使每天都在日本各地與外國奔波，我還是會擔任食育教室講師，穿著圍裙煎鬆餅，那當下的我真的非常開心。創辦人的動力其實非常單純，就是希望別人享用自己開發的食品，以及想看到顧客吃完之後的笑容而已。與顧客面對面的時間既是蒐集重要意見、開發新商品的機會，也是難得的休息時間。

最後成為只有在地人喜歡的超在地品牌也無所謂，因為我無論如何都希望這項商品能在九州這塊土地被大眾接受。反過來說，如果能做到這點，這項商品應該自然而然就會往外普及。

向來以「在地顧客優先」這個概念為主要訴求的九州鬆餅的確慢慢地成為在地人喜愛的商品，我也覺得與九州商品的相關人士以及能產生共鳴的在地企業家愈來愈多，他們似乎也想打造專屬九州的區域品牌。

要讓這片土地更好、更精彩，就必須讓活動的軸心腳牢牢踩在自己生活的地方，而為了讓商業利益回流這片土地，讓這片土地恢復活力，就必須勇敢地跨足更寬廣的市場，進軍全世界。我不禁覺得，今後想白手起家的創業家都應該有這樣的氣魄。

Think locally, act regionally, leverage globally.[9]

以自己的故鄉為優先，將視野拓寬至整個地區再採取行動，然後從中找出能於全世界市場獲勝的利器，就能從小小的成本突破市場，創造莫大的利益與商機。我的理想就是像這樣拓展事業。

---

9 **Think locally, act regionally, leverage globally.**：要挑戰全球的市場，第一步要先催生「多元文化」。除了追求自家公司的價值之外，還要培養能接納外部意見的公司文化。同時要讓員工擁有外國經驗，讓員工多與公司之外的世界交流與盡情地學習。從「單一性」轉型為「多元性」同樣是催生區域品牌的祕訣。

當創業家的志向與珍惜這片土地的心情合而為一，自然而然就會知道該在地方創生這條路上扮演何種角色了。

重新認知「農業」

藉著開發九州鬆餅的機會，我認識了許多農家，也拉近了彼此的關係。對我來說，生產者們都是無可取代的商業夥伴。

某天我突然浮現「農業到底是什麼？農業的定義又是什麼？」的**疑問**[1]。照理說，「農業」就是生產稻米、蔬菜、水果的產業。若從這個觀點來看，對旱田或水田一竅不通的我，絕對是農業外行人。

即使如此，我畢竟算是餐飲界的一分子。了解農家的想法與熱情，實際接觸田地，品嘗田地的作物之後，就能了解這些作物的美味與價值。

我一直覺得農業可以**重新定義**[2]，而且定義可以更廣泛，除了生產農作物的人之外，負責運輸的物流業者、零售店、餐廳從業人員，供應鏈的相關人事物，都可以算是農業的一部分，我甚至想把全日

---

1 疑問：誠實地面對心裡的疑問。不斷往下挖掘疑問，會找到只有自己才能找得到的答案，這個答案也將創造新價值，並帶來下一個靈感。

2 重新定義：有時換個角度就能得到前所未有的發現。既定概念都有所謂的「心理盲點」（stocoma）。如果只是依循舊例，有些領域或部門會因此衰退或僵化，而要活化這些領域或部門，就必須從不同的角度進行觀察。比方說，故意更換某個專案的成員，有時可以迎來意想不到的成長。重新定義可說是讓那些固守現況就找不到的因素變得具體可見的行為。

本、全世界享用九州鬆餅的人以及他們的時間、空間、回憶稱為「農業相關人員」。

若能重新建構、認知「農業」這個產業，或許就能從中找到更大的商機。從原料的生產、加工到銷售一手包辦的第六次產業也是從相同的想法出發。

許多人從其他縣市移居到宮崎縣從事農業，當中有些人成功，有些人不太順利。若問這兩者有何不同，我覺得是能否在有別於常態的物流方式找到新市場。農業向來被視為不賺錢的產業，但那只是以「傳統的觀點看待農業」而已，若能從全新的觀點重新看待農業，「會賺錢的農業」就有可能誕生。

我將製造與銷售九州鬆餅的產業構造假設為「農業」的一部分。當這項產品愈賣愈好，參與的農家、製造商與物流公司的收入也將變得豐潤，而且當市場繼續擴大，生產原料的產地就有可能增加。若能形成這種循環，就有可能出現「會**賺錢**[3]的農業」這種全新的產業。

發芽糙米是九州鬆餅的原料之一，負責生產的是宮崎縣綾町的松

---

3 賺錢：當身邊的人都過得不錯，你的事業就有機會永續經營與成長。既然要經營一門生意就不能感情用事，也不能只憑意志力經營。賺錢是經營事業的正義。只有建立穩固的商業模式，才能與商業夥伴建立良好的關係，也才有機會一起成長。

井農園。當初拜託松井農園供給原料時，農園主人松井道生對我這麼說。

「我家的稻米沒有使用半點農藥，而且是以合鴨農法仔細栽植的，為什麼這種直接吃就是日本最好吃的米非得磨成粉不可呢？更何況還是和其他種類的稻米與小麥混在一起，既然要這樣做，使用其他種類的稻米不就好了？」

松井先生還告訴我，「要不是長年照顧我的雜糧商 KODAMA 先生拜託的話」，可見得他一開始沒那麼想理會我。

過了三年半後，松井先生打了通電話來，跟我說他在田地旁邊蓋了兩棟連在一起的預製房屋（Pre-fabrication），打算當成直賣所與咖啡館，還說會提供九州鬆餅。聽完我真是又驚又喜。

咖啡館正式開幕後，松井先生說他「非常期待周末」，讓我更加開心。松井先生從星期一到星期五都得忙田裡的事，咖啡館只有星期六與星期日才能營業，換句話說，松井先生雖然忙得失去假日，卻很期待周末的到來。

在緊鄰產地的場所烹調等於是以最短的距離提供現採現煮的料理。這間在如此理想環境下開幕的咖啡館總是座無虛席，整間店充滿了客人的笑聲。

我的公司將松井先生種植的稻米做成「九州鬆餅」，松井先生再採購這種美式鬆餅綜合粉並在自家咖啡館提供。這**循環**[4]讓松井先生創造了新的業績，九州鬆餅也以我**沒料想到的形式**[5]打通了農產品與餐桌之間的新通道，新的產業由此而生。

在九州的農業找出新產業的潛力，產地與農家就會一起成長。我當初的願景正一步步地化為現實。

---

4 循環：在地創生創業的基礎也有以循環為前提的贈予與佈施。只想著自己或自家公司賺錢的創業不會長久。為了讓有限的人才與資源發揮極限，打造良性循環，就必須有一個能吸引他人參與，又能分配利益的想法。

5 沒料想到的形式：開創新事業時要有創立「團隊」的心態。所謂的團隊就是全力以赴地完成同一個使命，互相支持與琢磨，一同分享痛苦與快樂的夥伴。能獲得比想像中甜美的果實，是團隊一起創業的精髓之一。將工作「外包」給別人，無法得到這種喜悅。

從「信賴」到「共鳴」再轉為「支援」

世上無數多種的產品之中，我最喜歡得到消費者長期喜愛的**長銷商品**[1]。比方九州人向來喜愛的碳酸飲料「Skal」、冰淇淋「Black Monblanc」，或是豬骨泡麵「umakachan」，都是我自小喜歡，宛如是自己生產的在地明星。我打從心底想開發這種商品。

銷路很好的品牌無一例外，都奠定於「**信賴**[2]」這個基礎。資本雄厚的大型製造商能夠「購買」信賴，比方砸大錢聘請大明星宣傳，或在電視或雜誌買廣告，博取消費者的信賴。

我們這種偏鄉小公司沒有經費可以買廣告，也沒什麼機會認識足以委託重要品牌又值得信賴的創意團隊，所以之前只能耗費數十年，一步一腳印地累積成果，花時間與每位顧客對話，累積每一位顧客的信任。

---

1 長銷商品：如同煙火般絢爛的熱銷商品雖然能讓整個社會眼睛為之一亮，但如果用心開發的產品落得曇花一現的下場，同樣讓人非常難過。如果真的是自己投入大量心力開發的商品，一定會希望它成為長年受到消費者青睞的長銷商品。

2 信賴：請大家務必看重「信用」與「信賴」的意義。所謂的信用就是不斷累積消費者信心才得到的「結果」，所謂的「信賴」則是對對方的未來與創造力的「期待」，換言之是相信對方的「潛力」。博取對方的信賴需要持之以恆的耐心，但失去信賴卻只需要一秒鐘。信賴具有無可取代的價值，我們必須一直誠心誠意地面對顧客。信用是源自累積的實績，組織的高層則負責累積信用。重視效率的創投企業或新興企業有時候得相信自己的員工，將權限大膽下放。

不過，現在已經是大部分的人都擁有手機的時代，整個世界也由社群網站串連，就算是偏鄉的小公司也有機會將生產產品的熱情與意念直接告訴消費者。Instagram、Facebook 以及後續問世的社群服務都催生出「**共鳴**[3]」這種新的消費型態。

每天打開電視這類媒體，總覺得有很多商品問世與消失。只靠廣告吹捧的商品，壽命一年比一年短。在商品生命周期短暫的時代裡，擔任製造業下游廠商的中小型製造商都無法擺脫不斷催生熱銷商品的宿命，也因此疲於奔命。此外，就算大型企業為了提升形象，透過電視大肆宣傳回饋在地的活動，只要一小撮網紅（在網路上擁有影響力的個人）在社群網站發表一些負面使用心得，利用大筆預算「買到」的信賴就有可能瞬間土崩瓦解。

網路上充斥著不同的資訊，有些值得信賴，有些則是不能照單全收的假新聞。就製造業而言，只要是秉持著信念、用心製造產品的製造者，其熱情總有一天能在網路上傳播開來，但如果是虛有其表的理念，也一定會立刻被識破。

---

3 共鳴：一旦引起共鳴，訊息就得以擴散。每個人心中都有想接觸美好事物的欲望，也想與這些事物產生共鳴，或是想要自己創造這些事物。只要坦率地表達自己的想法，一定會有人與你產生共鳴，而且在這些人的支援之下，善意也得以傳播開來。

身處這個時代的我們必須清楚**定義**[4]自己想「傳遞的信念」，**誠實**[5]而專心致志地面對生意，與這份用心產生「共鳴」的顧客就會一起讓商品茁壯。社群時代的共鳴可讓好產品持續茁壯，也會催生出「**支援**[6]」這種新時代的消費關鍵字。

所謂的永續性是從環境、社會、經濟這三個觀點讓世界持續發展的概念，也是我們這種偏鄉小企業更該重視的概念。我們的活動會對這片土地帶來哪些社會性的影響？這個問題的答案必須是我們「想傳遞的信念」，透過活動獲得的共鳴也一定會成為營業額，幫助企業繼續發展。

「你的企業想對在地社會的哪個部分做出貢獻呢？」我心中一直如此問自己，對此一活動與概念有共鳴的顧客則將以購買商品的方式參與社會活動。在這個時代裡，這種新型的消費循環正透過社群網路加速「成形」。

---

4 定義：定義想傳遞的訊息就是整理、濃縮、精簡想要傳遞的訊息，同時也是讓自己認同這些訊息的過程。為了讓自己認同正在做的事情以及想要做的事情，必須先加以定義。

5 誠實：認真、正直的意思。就算被別人取笑「過於憨直」，誠實仍然非常重要。簡單來說，做生意就是一種銷售自己的想法、行為模式、感性以及其他人格特質的行為。

6 支援：從傳統的志工活動到雲端募資，我們眼前有許多參與社會活動的機會。參與社會活動的努力一定會有人認同，對理念的「認同」也將化為實際的「支持行動」。

將散播歡樂視為無上喜悅的無私經營者

農業經營者
株式會社GRA董事長兼執行長
岩佐大輝

村岡先生是無私的經營者，我覺得他對於投資新事業的 Go／No Go 判斷標準與自己在金錢上的損益無關，只想著「在地社會與身邊的人會否開心」而已。有時我甚至替他擔心這麼討好別人沒關係嗎？他總是二話不說地面對那些看起來有點有勇無謀的風險。

同為經營者的我，有時候真的很為村岡先生擔心，但也相信一旦村岡先生有難，肯定是八方來助，銀行與投資者也敢以億為單位在他身上投資。做生意的時候，完美的事業計畫固然重要，但真正重要的是經營者對事業的用心與覺悟，換言之，對事業的心思意念才是最重要的。

我與村岡先生之間有一段難忘的回憶。我是在宮城縣種植 MIGAKI 草莓這種品牌草莓的農業經營者。某天村岡先生問我：「草莓與九州鬆餅很對味，我們要不要辦個九州鬆餅與 MIGAKI 草莓的合作活動？」到了下個月，村岡先生就帶著厚重的鐵板、美式鬆餅綜合粉以及自己的左右手員工，自費跑來東北。直到現在，村岡先生開心地為顧客煎鬆餅的笑容仍然深深地烙印在我心裡。「這個人只要能讓身邊的人開心，真的可以不顧一切耶！」當下我真的這麼想。我也很開心、很投入地一起煎鬆餅。整個農場都蕩漾著笑聲。那真是令人難忘的一天。

今後是從故鄉邁向世界，一決勝負的時代，村岡先生也準備從九州進軍全世界。這就是「從在地邁向全球」（Local to Global）的概念。希望有一天能與村岡先生攜手並進，一起邁向全世界。

岩佐大輝

一九七七年出生，來自宮城縣山元町。目前是農業經營者與株式會社ＧＲＡ董事長兼執行長。二十四歲創立科技公司。二〇一一年日本三一一大地震之後，為了振興與再造東北而設立ＧＲＡ集團，透過資通科技與職人技術打造出高科技農業，催生出一顆要價一千日圓的 MIGAKI 草莓。著有《在99％的絕望之中，會有1％的機會得以成果》（Diamond社）與其他著作。

想與浩司先生一起在九州這幅巨大畫布上盡情揮灑色彩

WAGYU MASTER Europe GmbH 董事長　大矢健治

雖然我與浩司先生是在幫助深受口蹄疫打擊的故鄉後才認識的，他卻為了我這自小離開日本遠渡歐洲，在故鄉沒有任何地緣關係的人，介紹了一大群夥伴，真的是我無可取代的大恩人。

工作中，浩司先生有時會發揮領導力，帶著大家一起往前走，但對方如果是年輕人的話，他會先提出目標與應有的方向，然後全權委由對方處理，也就是所謂的「完全信任」主義，不過他不會放任對方亂來，還是會從旁觀察對方的一舉一動。每當我看到正在工作的浩司先生，都會感受到這種緊張的感覺以及他對其他人的關愛。

也因此，圍繞在浩司先生身邊的組織或團體間都有著密不可分的羈絆，就像有一條看不見的鎖鏈將這些組織或團隊緊緊綁在一起，與浩司先生一同在九州與歐洲之間架起橋樑的我自然也是其中一員。每當看到浩司先生雙眼炯炯有神地談著目標與夢想，就覺得自己能與浩司先生分享目標與夢想，實在是一件讓人開心得不得了的事。

希望今後也能與被譽為「九州傻瓜」的浩司先生在九州這幅巨大畫布上一起揮灑色彩，度過精彩的人生。

今後也請貫徹「九州傻瓜」這個精神！

衝吧！向前衝吧！

大矢健治

WAGYU MASTER Europe GmbH 董事長。

十九歲就隻身遠赴德國，並在二十五歲前創辦餐飲事業，目前以德國慕尼黑為據點。經營餐飲集團之外，也經營將和牛與日式食材出口至歐洲的貿易公司，以及讓餐飲與娛樂結合的公司，藉此振興熊本以及發展各種事業與專案。二〇一七年曾被朝日旗下電視台（KAB－TV）長達一小時的紀錄片「復興之路、飲食的力量」（旁白：吉田羊）介紹，也曾於許多媒體登台演出。曾在《離開日本，邁向世界之後的我真正想做的事情》（實務教育出版）書中與首位獲得「印第500」大賽冠軍的日本人佐藤琢磨一同被介紹。

付出與接受關愛之際，與身邊的人一起成就高水準事業的九州傻瓜

株式會社 Farmnote Holdings 董事長　小林晋也

我與村岡先生的相遇得回溯到三年前。我們在都城市舉辦的新創 pitch event 展開了首次交談。

村岡先生是位熱愛挑戰的人，對成功沒有半點妥協。為了親眼見證一切，他總是四處奔波，就算忙得不成人樣，不達成目標絕不放手。每個人也都很喜歡身段柔軟的村岡先生。他總是將目標放在前人未竟之事，不想做別人做過的事。一旦認真起來，不做到完美絕不罷休。滿腔熱情的他比誰都愛自己的故鄉與九州。

敘述九州鬆餅這個夢想時，村岡先生總是一直提到「整個九州」這字眼，讓我不禁有種「啊～這個人真的很為這片土地著想啊」的感動，我的腦海中也一直存著「為什麼他會對這片土地如此執著呢？」的疑問。

更讓我覺得不可思議的是，村岡先生明明對品牌與商品的要求非常嚴苛，卻還是有很多人願意助他一臂之力。他到底是怎麼辦到的？為什麼能讓這麼多人願意幫忙？就連食材的挑選也一樣，只要無法認同，他就絕對不會放行與妥協，即使如此，大家還是願意跟隨他。村岡先生總是把「遇到不

擅長的事情只要拜託別人就好」這句話掛在嘴邊，可是我其實遇過不少因為這種態度而失敗的人。

那股原動力究竟從何而來？

我聽說村岡先生的父親費盡千辛萬苦才創立了一平壽司，這間壽司店也在鄉親的支持下，成為在地人心目中的壽司店。

村岡先生的父親過世後，他曾說守住這間店很重要，但我覺得他一定不只是要守住這間店，我想，他是為了守住長期關照這間店的在地居民的笑容，以及回饋這片土地，才一直守住這間店吧。

於是，社群便慢慢擴大，九州這個品牌也因為社群而慢慢成形，準備進軍世界，讓在地居民的生活得到了改善。我認為這一切都是因為村岡先生相信社群擁有豐沛的原動力所導致。

我覺得這就是村岡先生的寫照，這份事業也會在付出與接受關愛之際逐漸茁壯。這或許就是「九州傻瓜」的本質吧。我希望能和村岡先生互相激勵，一步步飛向更遠的世界。

小林晉也

株式會社 Farmnote Holdings 董事長。一九七九年出生，來自北海道帶廣市。從旭川工業高等專科學校畢業後，主修機械工學。進入機械零件貿易公司後，於工廠自動化（FA）部門負責銷售精密機械零件。二〇〇四年，於帶廣市創立有限公司「Sky Arc System」（現為株式會社 Sky Arc），在客戶管理系統、部落格系統、公司內部社群網路於大型公司普及這塊領域做出了貢獻。二〇一三年，基於「打造世界級農業頭腦」的想法而創立株式會社「Farmnote」，二〇一六年被日經商業出版社（日經 Business）選為「創造下個世代的一百人」。

第四章

進軍世界的全九州產品

二〇一三年五月，
東京代官山的小巷子內悄悄出現了一間九州鬆餅 Cafe。
這間開了兩年半就歇業的咖啡館帶來了推開世界大門的機會。
在這裡，我們與許多了解與支持我們理念的人相遇。
我希望透過九州鬆餅，
將九州的風景與充滿笑容的用餐時光，
送到其他國家的消費者手上。
在獲得眾人支持與整個九州得以發揮潛力之下，
九州這個品牌愈來愈茁壯。
在地創生創業帶動的良性循環運轉了起來。

幫助九州鬆餅的「貴人」

人生若有轉機，一定是與重要的人**相遇**[1]。我一直覺得該尋找的不是商機或資金，而應該尋找人與人之間的緣分。

我沒有將生意直接轉譯成「賺錢」的感性，而這份感性之中，一定有「患難與共」的部分。有些人願意了解那些不懂得以賺錢為上的經營者的笨拙。花時間與這些人累積的緣分，正是我的**財產**[2]。

讓你激發自己都不知道的潛能，為你指出方向、照亮人生的恩人，中文稱為「貴人」。

我的人生遇過不少轉捩點，其中有些人是我的里程碑，為我指出了該前往的方向。對我來說，「成功」就是與多少位「貴人」相遇，相遇的貴人愈多、愈珍貴，我也就更加成功。

對我來說，創業家泉川大先生是我的「貴人」之一。

---

1 相遇：有時候相遇會讓人的命運大幅改變，也是一種不可思議的偶然。如果遇到值得信任的人，就要真誠地與對方相處。對自己來說，這也是珍惜緣分的方式。為了與對方真誠相處，就必須具備了解對方的眼光，看出對方是否值得你真心對待。

2 財產：財產包含「資產」以及「對當事人重要的事物」。前者通常是具體的東西，也是透過比較決定價值，後者通常是抽象的事物，其價值則無從比較。後者不需要與別人爭搶，也不會被別人奪走。

我與泉川大先生是在九州鬆餅誕生沒多久後，透過朋友介紹認識的。二〇〇三年他在東京創立了株式會社「Up-quality」，提供讓九州與其他地方的農作物於日本全國流通的諮詢服務，以及相關的宣傳工作。當時我正在摸索如何進軍東京，便與他**商量**[3]擴大銷售通路的方法。

「村岡先生，不管九州鬆餅多麼優秀，沒有一個地方讓媒體採訪與試吃就沒辦法宣傳。我做甜點的咖啡廳廚房剛好還有一處小空間，不嫌棄的話，要不要把九州鬆餅交給我負責？我們一起在東京炒熱九州鬆餅吧！」

泉川先生的提議非常棒，我的公司那時還沒有自行開店的資金，便與他的公司簽訂加盟合約，接受了廚房機器與內外裝潢等店面的投資。二〇一三年五月，在從代官山站往斜坡下方走，轉個彎進入小巷子之處，「九州鬆餅 Cafe」的原點開幕了。咖啡館不大，總共只有十二個座位。

開幕當天，我在所有員工面前致詞。

---

3 **商量**：課題往往是說出口之後才變得明確。撞到高牆時，要繼續思考「該怎麼做才能跨越高牆」。自怨自艾地抱怨「眼前的高牆好可怕」無法找到解決問題的方法。請找到能夠坦率商量眼前狀況的夥伴。

「接下來會有很多客人上門，也一定會有從外國來的客人。我相信，大家在這間店幫忙宣傳的九州鬆餅與這個品牌，總有一天會朝全**世界**[4]展翅高飛！」

後來因為某些緣故，這間店於兩年半後歇業，但在這兩年半內，九州鬆餅從這間店跨出了一大步，這間店也幫九州鬆餅提升了知名度。

當時的九州鬆餅尚未開拓足夠的銷售通路，虧損連連，連成功曙光都還看不到。但即使是如此沮喪的時期，這間小小的咖啡館都不斷激勵著我，讓我憑藉著「總有一天會成功」的信念堅持下去。

將賺錢置之度外，說了句「我想幫忙宣傳九州鬆餅」就掛上招牌至今的泉川先生，是一位相信我、支持我的朋友，也因為有這位朋友，我才能有今天，我絕對不會忘記這件事。

---

4 世界：請重視「追求更遠的目標」、「追求更廣大的目標」的新創心態。「追求更遠的目標」往往可延長事業的壽命，「追求更廣大的目標」則能幫助我們放下「我執」。若不斷地「追求更廣大的目標」，終點將是「世界」。

與熱情的夥伴一起遠渡重洋

代官山的九州鬆餅 Cafe 帶來了讓九州鬆餅的命運為之驟變的緣分。

二〇一四年春天，某位創業家**偶然**[1]經過了九州鬆餅 Cafe 門前。這位創業家的名字是蔡景明。在台灣的台北市經營日本化妝品和美容產品貿易公司的蔡先生，趁東京展示會與客戶談生意的空檔在代官山一帶散步，結果被寫著「九州鬆餅 Cafe」的小小招牌吸引，走進了店內。

在這間偶然遇見的咖啡館裡，蔡先生遇到了九州鬆餅，鬆餅的滋味與親切的待客之道讓他感動不已。蔡先生看過說明商品概念的店內陳設後，對店員說：「我從來沒吃過如此美味的鬆餅。堅持利用九州食材製作鬆餅的概念一定行得通。我想將九州鬆餅介紹給台灣人！」

---

1 偶然：能將偶然的邂逅與事件變成「必然」的是自己的「夢想」、「喜好」與「使命感」。當偶然變成必然時，人生的故事將更有層次與滋味。現在回想起來，父親開發的「萵苣卷」之所以能成為長年受到喜愛的鄉土料理，也是因為與偶然來店造訪的平尾昌晃先生之間的交流。

當場便與店長商量後續。

泉川先生也為我一手牽成這件事。某天，泉川先生打了通電話給我，說「有位台灣顧客對九州鬆餅有興趣」，我便跟他說「麻煩你告訴那位顧客我的電子郵件信箱」。

老實說，不時都有這種來自外國的合作詢問，但大部分不是一下子就斷了音訊，就是還沒吃過鬆餅就開始談商業模式或條件。蔡先生卻是在做為九州鬆餅 Cafe 原型的咖啡館吃了一口我們的鬆餅後，**感動**[2]地說這就是他追求的滋味與概念，並在取得聯絡後的隔周立刻造訪宮崎。

有時候，商界的相遇真的是種不可思議的**緣分**[3]，是一種讓人感到放心又自然的邂逅，而且在這種情況下，所有的一切都會水到渠成。我與蔡先生的相遇就是不可思議的偶然與緣分。

第一次見面，蔡先生滔滔不絕地提到了他覺得九州鬆餅多麼美味，認為自己應該扮演傳教士，將九州鬆餅引進台灣。蔡先生還告訴我，他本來就對日本的飲食文化深感興趣，也一直想在台灣開日式餐

---

2 感動：創業或是經營公司時，「感動」可說是非常重要的一環。愈能提供超越顧客期待的服務，感動就愈強烈。能讓人感動的商品、服務、訊息都是事業或企業能永續發展與興盛的原動力。

3 緣分：與他人的緣分往往具有影響生意命脈的影響力。為了從每天無數次的邂逅之中，緊緊抓住必要的、重要的、令人開心的緣分，我認為必須具備三種心態。一是以對方的利益為優先，二是使用體貼的詞彙，三是努力保持誠實。

廳，曾經耗費數年時間研究無數餐飲品牌。他同樣覺得這次能遇見九州鬆餅，完全是命中注定。

一問之下才知道，蔡先生與我同年，而且他創業那一年，恰巧是我從父親手中接下公司那年，太多的巧合讓我非常驚訝。蔡先生經營的千康有限公司以日本與韓國的時尚雜貨和化妝品為主力商品，他本人則相當熟悉日本文化。雖然蔡先生是個非常沉穩客氣的人，他的眼底卻不斷冒出對事業的自信與熱情。

蔡先生來訪宮崎之後，不到一個月，我也前往台灣造訪以表敬意。在多次往來與談合約的過程中，我們兩個就像親兄弟般**意氣相投**[4]。

準備進軍海外的九州鬆餅打出的全球化**訊息**[5]是「Happy and Smiley」，也就是透過九州鬆餅獻上幸福的笑容與時光。如果一邊吃著我們的鬆餅一邊聊著九州的顧客，真的能夠造訪九州與宮崎，那真是令人開心。烘烤充滿香甜小麥香氣的鬆餅之際，人種與國境這些意識形態都不復存在，剩下的只有笑容與和平。我想無止境地創造如此的豐盛富足。

---

4 意氣相投：在商業夥伴、協力者、消費者以及各種關係之中，有時會有一見如故、「相知相惜」的瞬間，有時乍看之下個性迥異的兩個人，反而能創造前所未有的事物。我覺得這種瞬間正是故事的開頭。優秀的創業家會為了追求這種偶然而故意前往陌生環境，享受與別人的交流。雖然我們不知道能帶來創新與創業點子的邂逅何時到來，但是當我們累積了足夠的經驗，就比較能夠預測「緣分」與「羈絆」何時會出現。

5 訊息：每一樣吸引人的商品或服務背後，都有著堅定的訊息或故事。「美味」是與顧客溝通的首要因素，但充其量只是形塑商品的元素之一。只有加入具有魅力的訊息，才有可能將商品打造成熱銷或長銷商品。

蔡先生真摯地從正面接受了這個想法，也秉持著對品牌創始者的尊敬，代替我將九州鬆餅的理念引進台灣，讓我因此擁有了一位新「兄弟」。

二〇一四年九月十八日，蔡先生與我的公司在宮崎縣正式簽訂了全面夥伴協議，我們的美式鬆餅總算要進軍海外了。

「總有一天會朝全世界展翅高飛」。現在回想起來，我在代官山九州鬆餅 Cafe 的這句話真是一語成讖。如果沒有泉川先生幫忙，不會有這樣的機會。不管是對在台灣經營日本品牌總代理，在餐飲業獲得成功的蔡先生，還是對能夠跨足海外市場的我來說，泉川先生都可說是「貴人」。

我總是思考著，接下來還會遇見幾位「貴人」呢？如果站在原地不動的話，不會有機會遇見貴人。某些邂逅只有在**誠實**[6]地面對內心之後才會出現。不管情況多麼艱苦，只要有夥伴在身邊就能激勵自己，繼續前進，跌倒了，就從跌倒的地方學習，然後再得到新的緣分。

如今代官山的咖啡館已經不在了。等到台灣與其他國家的咖啡館

---

6 誠實：開始對自己說謊的話，身邊的世界就會開始扭曲。沒有人可以騙得了自己。「餐飲業」其實就是照顧「生命」的事業。「能不能信心滿滿地向顧客推薦相關的服務與商品？」請隨時隨地反問自己這個問題。誠實永遠是最優先的事。

都獲得成功，能在東京重新掛上招牌時，我希望像那時一樣開一間小巧溫馨的咖啡館。到那個時候，我要招待泉川先生與蔡先生，大家一起舉杯慶祝。這是我目前的目標之一。

台灣團隊與宮崎團隊的磨合

台灣台北的松山機場附近有條僻靜的街道叫做「富錦街」，如今這條街已是台北市最熱門的時尚聖地。這裡雖然位於台北心臟地帶，卻因為綠意盎然而被稱為「台北的後院」，總是洋溢著悠閒的氣氛，十分受到歡迎。自二〇一二年選物店「Fujin Tree 355」開幕以來，這附近慢慢多了些咖啡館與雜貨屋，今後的發展令人期待。

經過多次**現場調查**[1]後，我決定讓九州鬆餅 Cafe 海外一號店在富錦街開幕。我選了一個眼前有公園，讓人覺得安靜舒適的地方，租下了一間店面，於二〇一四年秋天開始裝潢。

對於首次在海外開店的我們來說，有待**解決**[2]的課題可說堆積如山。比方說，必須遵照台灣的進出口法規準備海關文件，施工過程中遇到問題或需要修改設計圖時，整個團隊都必須克服國境與語言的障

---

1 現場調查：要對某項事業投資大筆金額時，絕對不能過度相信二手資訊，必須親臨現場，親身感受現場氣氛，也必須不斷地調查相關資訊，直到能說服自己為止。有些事情必須重複造訪現場才會知道，沒辦法只去一次就得知。等到「認同」變成「確定」，這項事業就有了成功的開始。

2 解決：課題或問題也是引發自己與員工潛能的機會。請盡情享受煩惱、思考、找到方式與解決問題的過程。與痛苦正面對決，就能抓住成長的機會。

礙。

店內使用的餐盤、馬克杯、圍裙，以及菜單的設計、網站的語言切換、店面商品的POP、日常用品的選擇、開幕之際所需的廚房用具清單，這些數也數不清的課題都必須一項接著一項解決。進行這些需要**耐心**[3]的工作之際，我們不斷地彼此激勵「現在有多麼**謹慎**[4]，以後的二號店或三號店就有多完善」，這支跨越國境的團隊也愈來愈有向心力。

店面的裝潢幾近完成，開幕近在眼前，正式開幕的準備與員工訓練也已全面啟動。

我從宮崎選了兩位員工，一位是從九州鬆餅事業草創時期就患難與共的桑畑宣孝，另一位是從 Tully's Coffee 計算，經營咖啡館年資超過十二年的山下宏和。他們都是現場主義者，所以也是我最信賴的員工，但話說回來，他們都是第一次到台灣，也沒有在外國經營事業的經驗。

晚上九點十分抵達台北入住飯店後，我們去了附近的小居酒屋與

---

3 & 4 耐心、謹慎：第一線要處理的事情真的是堆積如山，但這也是讓自己的熱情、夢想與構成第一線的每個元素融合的流程。愈是謹慎、愈是細心，愈能讓自己的想法浸透第一線。一旦解決這些麻煩，就能看到獨一無二的世界。

當地人交流，也和大家一起圍著水餃舉杯慶祝。對他們兩個人來說，水餃成了在台北的第一餐。

「我們現在人在外國，最好不要再把過去的常識當成**常識**[5]。沿用日式做法的部分，以及得改成台式做法的部分，都得從零開始建立。讓我們一起建立這間店的文化吧！這可是占據九州鬆餅未來一大塊版圖的重要工作啊。」

小小的紅色招牌拿掉後，我們一行人在日光燈有點眩目的店裡再次乾杯，我也以隱約透露著緊張感的眼神看著他們，同時覺得心中有一團熱火正在**燃燒**[6]。

隔天，蔡先生來飯店接我們，我們也立刻啟程前往咖啡館。早該完成的內部裝潢只有七、八成完工，室內裝潢工班還在店裡作業，重要的廚房機器都還沒入駐。

對於有外國**經驗**[7]的我來說，工程進度有點落後與文化差異都在預期之中，但負責第一線的宮崎團隊卻難掩不安，開幕前竟然還在施工以及現場尚未一切就緒，似乎讓他們兩個受到不少衝擊，也對我

---

5 常識與非常識：只於內部通行的常識未必適用於外部的世界。接受「多元性」也是與世界連接的重要訓練。所謂的常識往往是自己的誤解與幻想。一如每個人都有「自己的常識」，全球與在地的常識不會一樣。請放空自己，認真地看待眼前的事實。

6 燃燒：相信自己的想法、感覺與創意，一邊背負風險，一邊從事想做的事。只要選擇了自己想走的路，內心就會像是一團正在燃燒的熊熊烈火。想成就某些事情，絕對需要所謂的熱情。

7 經驗：若年輕時能體驗各種事情，當然再理想不過。不管成功還是失敗，都能累積不少經驗，為自己的實力打底。只有勇敢挑戰才能獲得經驗，而經驗可提升預測的精確度，讓你提早做準備，並讓風險降至最低，也能讓你變得更從容，進而能夠俯瞰全局，多一些選擇機會。

說：「浩司先生，好不容易把廚房整理乾淨，正在打掃，業者居然還在旁邊施工，這樣怎麼打掃也掃不完灰塵吧。」

看到他倆無法認同眼前的一切又充滿困惑的表情，我邊笑邊回答：「沒想到還沒開幕就接受文化衝擊的洗禮啊。對裝潢工班來說，在施工處旁邊打掃才奇怪吧。既然施工還沒結束，只能這樣了對吧。抱怨無法改變的事只會累積壓力喲。」他們兩個只好無奈地閉上嘴，默默繼續做其他事。

蔬菜、肉類、調味料與其他食材的挑選都得從零開始。比方說，我們試喝了幾款事先挑出來的牛奶，然後連同雞蛋與其他素材，**挑選**[8]了最適合鬆餅菜單的食材。

這個由台灣人與宮崎人混編的團隊在時間催化之下，愈來愈有默契，也愈來愈像一個團隊，有時候還會認真地反覆討論某個議題。雖然這樣很耗時間，但的確愈來愈接近開幕這個目標。

---

8 挑選：該在什麼情況選擇什麼呢？簡單來說，選擇反映了你的生存之道與經營公司的態度。經過一連串選擇之後，所有的選擇將交織成有機的生命體，也將開始發揮生命力。

承載對地域的想法，讓「九州」邁向世界

二〇一四年十一月，只剩下兩個月就要開幕時，一直幫助我們的優秀設計師日高英輝也完成了店面的標誌。開幕前一個月，店面門口總算掛上了招牌。

招牌上的「九州」使用了日文字型。招牌正式掛上去之後，我一時間難以自已，也有了另一層的覺悟。

台灣人向來喜愛日本文化。我希望讓更多喜歡日本品牌的台北人知道，這是來自日本的品牌。希望這間店不要只是搭上日本品牌的熱潮，也希望這個在台北唯一冠上「九州」地名的品牌，能在九州與世界之間架起橋樑。

今後，九州有可能成為東亞的重要新興地區之一，每次進軍海外我都有這樣的**預感**[1]。

---

[1] **預感**：盡可能站在制高點，眺望對象與對象的周邊，也要記得從不同的角度眺望。試著定點觀測，在觀測的過程中將有所預感。

若將福岡機場做為交通樞紐，不管從九州何處出發，半天內就能抵達東南亞各個角落。若與關東以東的地區比較，九州在移動距離這點占了極大優勢。九州各縣一口氣增加了許多直達台灣與亞洲各國的直飛航班，往返交流的人口因此激增。之前若提到來日本觀光，大部分人只想到東京、京都、沖繩、大阪和北海道，我覺得九州各縣市正在亞洲漸漸打開知名度。

日本雖然因為觀光熱潮而恢復活力，九州各大城在吸引觀光客上卻各自為政，實在相當可惜。為了不讓這股觀光熱潮淪為曇花一現，必須擬訂下個階段的戰略。比起讓市町村這些行政區域自行爭取觀光客，還不如站在觀光客的角度，開拓遊覽整個九州的觀光路線，以及整合九州，建立追求全體利益的利己利他戰略。

一完成九州鬆餅就為了在東京拓展銷路而費盡心思的我，曾經前往位於宮崎縣廳的宮崎縣物產振興中心諮詢，也趁機拜託振興中心的人讓我在東京的宮崎縣物產館銷售九州鬆餅，沒想到對方說了句：

「嗯……如果名字是宮崎鬆餅，不是九州鬆餅的話，就能賣了……」

拒絕了我。

一開始其實我不太懂對方的意思，後來才知道，對方應該是無法接受將九州視為單一地域的概念。說到底，振興中心的主旨是為了擴大宮崎縣的內需，推銷宮崎縣企業生產的物產，不是為了振興整個九州而設立。到現在我都還記得被拒絕的時候，心裡有多麼不甘心。

過了五年之後，九州鬆餅逐漸成長，九州鬆餅的理念慢慢地浸透整個地區，對方也漸漸了解我的想法。如果「一切都是為了我們的故鄉」這種封閉型的觀光政策能一步步轉型成「一切都是為了整個地域」的概念，九州每個地區都能雨露均沾，受惠於整個九州的發展。

我們能做的是透過九州鬆餅這個品牌，將這塊土地豐富的農業與多元的文化**傳遞**[2]到台灣，讓每個台灣人了解九州。九州人口約有一千三百萬人，我希望大家能以「九州這個島是一個國家」的概念**重新認識**[3]九州，直接向國土面積幾乎等同於九州的台灣和其上的兩千四百萬台灣人宣傳九州。我也覺得九州的相關資訊與商業推廣一樣重要，也想扮演傳教士的角色，宣揚九州。

---

2 傳遞：讓別人知道自己的想法。創業家最初的動力就是想證明假說與推論。創業就是從零邁向一的行為。透過詞彙說明尚未實現的未來是非常困難的事情，因為一旦達成，這個未來就變成已經實現的現實。相信總有一天別人會了解，然後堅定地往前邁進吧。

3 重新認識：故意顛覆對象身上的既定概念，從不同的角度觀察對象，或是試著從外界引進前所未有的東西，再試著讓這個東西與這個對象連接，如此一來就能產生新的價值，也能打開邁向未來的道路。重新認識可說是編輯與創造的行為。

如果將台灣、九州，以及鄰近的山口縣和沖繩縣看成單一區域，那將是一個擁有四千萬人口的「九州－台灣經濟圈」。九州與台灣不僅距離近，文化相容性也很高，我一想到將這兩個地方的市場放在一起集中開發的戰略與此戰略的可行性就雀躍不已。

由大都市、大企業分配財富的時代已經進入尾聲，現在是獨特的創意從各地誕生的時代。各地區可以攜手共繪未來。我總是將九州鬆餅這項產品的發展與九州的未來放在一起思考。

亞洲各國今日正急速成長，這些國家的中小企業之間也有許多生意往來。希望我們能打破地區與全球之間的藩籬，自覺是亞洲的一員。若能踏出經濟已難大幅成長的日本，就能找到無限的可能性。

九州這個地名的存在感肯定會愈來愈強烈，九州與亞洲國家在人民與商業上的交流也會劇烈增加，「九州 KYUSHU」這個地名的知名度將與北海道平起平坐。由於這種**時代**[4]終將到來，九州鬆餅 Cafe為了讓大家記住日文字體，決定讓「九州」這兩個字成為符號。

幫忙設計「九州鬆餅」與「九州鬆餅咖啡」標誌的日高英輝同樣

---

4 終將來臨的時代：就某種意義而言，創業家必須是預言家，必須磨練自己判讀五年後、十年後，終將來臨的經濟環境。為了避免自家公司的成長願景與時代悖離，必須時時張開天線，蒐集資訊。

來自宮崎縣。

我與日高先生在二〇一〇年宮崎縣遭受口蹄疫打擊那時開始頻繁來往。由於彼此都有幸主辦復興計畫，擁有所謂的革命情感。

口蹄疫爆發後的那五年徹底改變了我的生活。幾經波折之下，我總算催生出九州鬆餅這個品牌，並感謝因為在那場口蹄疫中認識的廣告導演今村直樹先生，謝謝他幫忙號召許多創意人員，充實九州鬆餅的世界觀。感謝今村先生選擇九州鬆餅做為**非商業廣告**[5]的主題，感謝他花了一年的時間巡迴產地，製作了非常好看的品牌形象廣告影片。

來自福岡縣的文案創作者中村禎先生因為這個非商業廣告的專案而創作了「堅持只以九州素材製作的日常美味」這句文案，日高先生也為了品牌形象影片製作了品牌標誌。

緣分真的很不可思議。獲得別人的支持與幫助才總算走到今天這一步，身在台北的我，不禁想感謝這些貴人。

第一步就是先與蔡先生一起讓台北這間一號店成功，之後希望能

---

5 非商業廣告：今村直樹先生自己創造的單字。一般的廣告都是由客戶委託拍攝，非商業廣告則沒有委託的業主。簡單來說，就是身為創意人員的今村先生進一步探討他覺得「有趣」的對象，再以「產生共鳴」的概念將這些對象串連起來，藉此製作不在電視播放的廣告。如今的廣告業界已經愈來愈不重視共鳴或信賴這些重要的價值觀，這種非商業廣告可說是今村先生的創意與實驗，也是在不依賴資金的前提下打造區域品牌的挑戰。

夠招待所有與這個品牌有關的大家，共同見證茁壯之後的九州鬆餅。這是生產者大夥兒一起奔向世界的夢想與希望。這間台灣唯一以「九州」為招牌的店，就是我們對「整個地域的想法」，我們也將背負著這想法往前邁進。

開幕前夕，所有準備皆已就緒，我細細品嘗著總算走到這裡的喜悅，以及那股背負著所有人希望的**使命**[6]感。

---

6 使命：要察覺自己與自家公司的使命。使命有時會跨越「個人」或「單一企業」的框架。你想成就什麼事情？你的使命又是什麼？這些都將成為你的判斷基準，照亮你前面的道路。

「獻上幸福與笑容」的生意

二〇一五年一月二十六日，坐落於台北市的海外一號店「九州鬆餅 Cafe」台北富錦店總算正式開幕。

正式開幕前一天，我們宴請了許多台北市的知名人士，其中包含引領台北文化與潮流的媒體從業人員、藝人、知名人士、暢銷作家，超過一百位來賓光臨現場。

所有來賓都是第一次品嘗這款源自日本的九州鬆餅。我們創造的滋味能否於世界通行呢？我能感受到牆壁另一邊的廚房員工有多麼緊張。

過了一會兒後，來賓開始將九州鬆餅的照片上傳至 Instagram、Facebook 或是其他網路媒體。看來大家都很喜歡九州鬆餅，還有來賓對我說「村岡先生，一起拍張照吧！」，招待會瞬間成了網路媒體的報導。傍晚過後，全國性的新聞節目也開始報導了。

為了讓開幕圓滿成功的蔡先生肯定連續幾天都睡不好，但整場下來不見他有任何疲色，總是笑臉盈盈地招待著來賓。我則是只要被介紹就與來賓打招呼，被採訪時就盡可能說明九州鬆餅誕生的來龍去脈與味道的特色。

當足以代表台灣的知名人士與網紅一起在社群網站上傳九州鬆餅的照片之後，電話與官方臉書頁面湧入了大批詢問訊息，到了傍晚，預約已經排到一星期後，並有超過五十家媒體申請在隔天的正式開幕後採訪，我覺得這間店的關注度達到了巔峰。

其實早在幾個月之前，我已經著手**準備**[1]另一個**巧思**[2]，那就是在台灣開店時，以「透過飲食連接國家、地域與人民」為**任務**[3]，宣傳九州的產地。執行這個任務的第一步是與宮崎市、ＪＡ宮崎合作，在最初的菜單中使用宮崎縣特產的「日向夏」宣傳農產品。

台灣對於農產品與加工品的進口非常嚴格，當我們突破重重關卡，總算把日向夏送到咖啡廳時，已經是開幕前三天。

---

1 準備：投入準備的心意、想法、時間有多少，事業發展的程度就有多少。雖然沒有所謂的百分百準備，但還是可以先做到「該做的都做了」的程度，然後等待正式上場。盡可能的準備，直到覺得獲勝是理所當然的地步為止。

2 巧思：要將幸福傳入別人心坎，讓別人覺得更幸福、更有意義，必須發揮巧思，整個過程就像是準備驚喜箱一樣。想取悅客人這種從心底湧現的興奮感，則是發揮巧思的原動力。

3 任務：希望不是被「別人命令」才行動，而是自己一心朝著「使命」前進，這也是主動而積極的行為，任務也是驅動這些行為的原動力。

此外，我們還為了開幕這天特別製作了以台語介紹宮崎市的觀光海報，並將海報張貼在店內。儘管這些都是**渺小**[4]、**枯燥**[5]的努力，但這些努力讓我們再次覺得，透過這間咖啡廳將重要的人的心思意念傳遞給台灣人，是我們的榮耀與使命感。

現在回想起來，我自己對美式鬆餅的第一個記憶點，來自小時候吃到的「薄鬆餅」。

由於家裡開壽司店，每天都很忙，幾乎沒有全家坐在一起吃飯或一起去旅行的**回憶**[6]，不過母親卻常常幫我煎鬆餅，鬆餅的滋味與香氣因此成為我難以名狀的幸福回憶。

星期日早上忙完店裡的前置作業後，母親會走回位於店面二樓的自宅，用平底鍋幫我煎一個稍微大一點的厚鬆餅。這個形狀不怎麼工整，到處煎焦的厚鬆餅就像周末早晨的溫暖陽光，讓餐桌充滿了笑容。

父親偶爾會帶我去百貨公司樓上的家庭式餐廳用餐，我總是很**興奮**[7]地吃著厚鬆餅與漂浮冰淇淋蘇打。在煎得有點厚又疊成三層的厚

---

4 渺小：再小的工作也要用心，有時在「小事上疏忽」會導致全盤瓦解。細節上用心，才能正正當當地述說自己在整體上的用心。真實的想法總是藏在細節裡。

5 枯燥：在創造前所未有的價值時，若沒有一步一腳印的累積，就無法得到成果。如果中途放棄，一切只會歸零。相信自己，不懷疑自己想做的事情。我相信就算會被別人嘲笑，只有懂得慢慢累積成果的人才能獲得最後的勝利。

6 回憶：開心、喜悅、幸福，夾雜著這些感覺的回憶能在覺得痛苦時，默默地支持你。幸福的回憶將成為幫你與別人創造幸福未來的力量。

7 興奮：創業家本身雀躍不已才能維持商品或服務的熱度與氣勢。從這些興奮感誕生的商品或服務也會讓消費者覺得興奮，而消費者的興奮又會轉換成不同的形式，回到創業家身邊。迷惘時，選擇讓你覺得興奮的那條路吧。

鬆餅上頭淋上滿滿的楓糖漿，再慢慢地咀嚼與品嘗鬆餅的味道，那是我最幸福的時光。

如此遙遠的記憶如今與九州鬆餅重疊在一起。九州鬆餅不能只是陳列在超市架上的「某項商品」，還必須幫顧客「創造回憶」。我之所以如此覺得，絕對與我個人對美式鬆餅的體驗有關吧。

「在國外，沒有人知道九州這個地名，也不知道九州是什麼樣的地方，更何況九州這個品牌仍然沒沒無名，這個挑戰不會太有勇無謀了嗎？」

身邊不少人這麼問我，但我對自己做的事情有信心。

我們銷售的不是流行一陣子就結束的品牌，而是確確實實於地區扎根的故事，更重要的是，我們提供的時間與空間才是商品。不斷地累積屬於這些時間與空間的回憶或感動，才是做生意的**本質**[8]。

能與意氣相投的蔡先生相遇，是我決心進軍台灣的重要理由。蔡先生曾對我說「我的工作是代替村岡先生傳遞想法」，我在他身上感受到老朋友與家人般的**溫度**[9]，也與他建立了深厚的互信關係，正因

---

8 本質：了解從事的工作或自家公司應有的樣貌，再一步步接近。如此一來，工作與公司就更有存在的意義，也能獲得周邊的人支持。堅毅的內心將造就這種本質。

9 溫度：不管是人際關係還是做生意，都必須重視所謂的溫度。比起金錢或物質，做生意更需要讓內心溫暖地交流。

如此，在台灣開店的這一天才會到來。

富錦街這間店的盤子、馬克杯和員工制服上都寫著「Happy and Smiley」。

這是獻上幸福與笑容的鬆餅，也是我們的生意。

連續的緣分會推開邁向世界的大門

「從今天開始，讓我們一起述說屬於九州鬆餅的故事吧。大家齊心協力，一起加油！」

九州鬆餅 Cafe 開幕當天早上，我心中滿是**感謝**[1]地向蔡先生以及一起準備開幕事宜的相關人士打招呼。

店門口已經出現了超過一百人的超長人龍，對新咖啡廳的期待感也從門外一陣陣逼進來，我們便在這種備受期待的情況下開始了第一天。

感謝電視與雜誌等媒體連日與社群網站一起報導「日本第一的美式鬆餅登台！」，預約滿到不能再滿。沒過多久，台灣本土所有商業場所或百貨公司都邀請我們去開店。

蔡先生雖名為社長，開幕後卻連續好幾個月天天進廚房幫忙洗碗

---

1 感謝：眼前的一切結果並非只憑一己之力成就的，許多夥伴在不同的場所、時間默默地支持，事業才得以成形。或許，感謝就是人與人之間的黏著劑，我們會被別人感謝，也會感謝別人。正因為彼此都有這樣的心情，我們才能組成團隊，勇敢地進行下一次挑戰。

盤，全心全意地從背後給予支持，另一名員工艾咪小姐也連續半年在外場努力。經營團隊了解餐飲業最重要的就是**現場**[2]，我也同樣因為堅持這一點，沒有選擇大企業當夥伴。

如果經營團隊只是為了蒐羅完整的品牌而選擇九州鬆餅這個品牌，之後說不定會因為數字經營而放棄我們。在此之前，我已看過許多品牌在進軍外國之際，深陷金錢遊戲泥沼。

在所有員工**不斷嘗試與失敗**[3]的頭幾個月中，在蔡先生手下組成的台灣**團隊**[4]也不知不覺地學會了經營祕訣。

我絕對不會讓九州鬆餅 Cafe 成為一下子就退燒的熱潮，所以不會隨便找間商業場所開店。一開始我要先徹底**培育人才**[5]，這是我的經營方針。

業績一帆風順的台灣一號店開幕幾個月後，開始在擁有幾十間分店的大型連鎖超市銷售美式鬆餅綜合粉。二〇一五年年底，二號店在台北市的信義區開幕。信義區除了是當地人的消費聖地，對於來自亞洲各地的觀光客同樣非常熱門。

---

2 現場：現場是直接接觸顧客的場所，從現場取得的資訊也比什麼都重要。偶爾可讓自己置身現場，親身體驗服務的實際情況。只有在現場才能找到改善與成長的線索，經過篩選的間接資訊無法提供這類線索。

3 不斷嘗試與失敗：錯誤是讓我們獲得經營祕訣的機會。彼此害怕犯錯，只打安全牌，領導人更應該一步步打造一個能重複犯錯的環境，才有機會獲得更多無形的成果。

4 團隊：由跨公司組成的團隊在推動事業時會讓整個現場充滿恰到好處的緊繃感，以及由不同的文化交織而成的刺激。當行事作風不同的兩個主體發揮一加一大於二的效果，就能創造遠高於預期的成果。

二號店開幕之後，一對前往造訪的新加坡夫妻對於九州鬆餅 Cafe 的滋味與服務非常感動，透過住在新加坡的共同友人廣橋信昭（外號 Nobu）與我聯繫。Nobu 是我二〇〇八年應 Tully's Coffee 總公司之邀前往新加坡擔任執行董事時認識的朋友，如今他已在新加坡大獲成功，成為最知名的和食主廚。

Nobu 的朋友傑夫與台灣老婆回台灣時，聽聞九州鬆餅的消息，造訪了九州鬆餅 Cafe。由於預約太滿而無法入店消費的傑夫寄了店面外觀的照片給 Nobu，還順便寫了「日本的品牌在台灣好像非常受歡迎，Nobu 你有聽說這件事嗎？」Nobu 立刻聯絡我，我也拜託蔡先生盡力幫他們空出兩個位子。

嘗過九州鬆餅後，傑夫夫妻為了確認味道，特地回台灣兩次，也再次與我聯絡。

在台灣的九州鬆餅 Cafe 第一次見到面時，我們覺得能有共同友人是不可思議的緣分。經過多次討論開店合約與相關事宜後，於二〇一六年五月十一日開了新加坡 Novena 店。位於赤道的新加坡非常

---

5 培育人才：只有站在事業最前線，直接與交易對象或顧客接觸的員工，才是彰顯事業理念的人，所以當事業不斷擴大，就必須培養在社長與現場之間架起溝通管道的人才。在此階段，向內部發出訊息的重要性不亞於，甚至超越了向外部發出訊息的重要性。當經營者不斷地向內部發出訊息，經營理念就會成為員工的血肉，若每天的業務能如同呼吸般自然反映經營理念，就是最理想的模式。

炎熱，對我來說卻是充滿回憶的地方。我曾在這裡待了半年並負責 Tully's Coffee 相關工作，沒想到會帶著自己的品牌，回到這塊我沒想過還有機會回來的土地。

新加坡的店開幕之際，在台灣累積了不少經驗的桑畑與山下一邊盡力協助，一邊與新加坡團隊建立鞏固的信賴關係。在不同的語言與文化的職場磨練之下，他們的**判斷力、爆發力與應對能力**[6]都有了長足的進步。

一開始是台灣，接著是新加坡。把「總有一天要從九州邁向世界！」這句話掛在嘴邊的我們，正一步步實現著**願景**[7]。人與人之間的緣分會跨越國境，我覺得我們的世界愈來愈寬廣。

在宮崎誕生，在台灣成長的九州鬆餅 Cafe 於二〇一六年十一月成為以台灣的蔡先生主導的團隊在華語圈拓展事業的據點（特許經營權），並在福岡縣的台灣貿易中心舉辦了記者會，宣布在大中華地區，也就是中國、香港、澳門設立門市的構想。基於這份合作備忘錄，我們預備在二〇二〇年中期之前，在台灣、新加坡與整個大中華

---

6 判斷力、爆發力與應對能力：所謂的事業就是一連串的判斷，需要敏銳而靈活地判讀變化或是預料之外的事件。經營者必須做出決策，以及有承受一切結果的覺悟，也必須擁有足以號召眾人的魅力。如果覺得現在的自己缺乏這些，就在事業第一線磨練自己，或是效法比自己更優秀的人。

7 願景：願景是有引力的，提出明確的願景可吸引資訊、機會與緣分，讓想法進一步化為現實。

地區設立二十七間新店，而此一動向的第一步就是在二〇一八年進軍上海。

台灣的九州鬆餅 Cafe 一號店在開幕三年以後，也就是二〇一八年三月，仍然是連日大排長龍，客人絡繹不絕。

品牌與在地資源創造的無限可能

「只有九州的農業素材到底能做什麼？」我覺得這是值得**賭上人生**[1]探討的議題。

自九州鬆餅開始銷售後，我連續五年造訪九州各處產地，傾聽農家的意見。此外，九州還有很多擁有優秀技術的食品加工廠。

剛進入食品加工業界的我，其實看到了不少問題。比方說，大型製造商發包給下游廠商時，往往會提出較嚴苛的價格，為了滿足這個價格，許多食品加工廠會大量使用便宜的加工物或進口食材，而且習以為常，結果就是生產出連自己都懷疑「真的敢讓家人和小孩吃嗎」的商品。之所以會出現這類商品，抱著「盡可能買得便宜一點」這種心態在超市購買商品的消費者或許也有責任。每個消費者都應該知道，超級便宜的食品肯定有內幕，而且從長遠的角度來看，這種情況

---

1 賭上人生：什麼時候會遇到值得賭上人生的事？職棒選手的話，有可能會在十幾歲時遇到，其他人有可能到了老年才遇到。能找到值得賭上人生的挑戰非常幸福。有時創新是孤獨的，但相信事業會成功，犧牲一切埋頭苦幹的時間，總有一天會成為無可取代的美好時光。

只會讓產業或消費者陷入一連串不幸。

不管是九州鬆餅還是我公司使用的果醬與糖漿，都不像大型製造商生產的全國性品牌那樣有**價格競爭**[2]力，而且在從產地幫忙調度原料的廠商、製造工廠與物流業者都獲得合理利潤的情況下，不管我多麼努力控管成本，商品價格都是市售品的兩倍左右。但是我覺得，了解這些努力，進而愛上我們產品的顧客，也以常客的方式支持著我們。

雖然聽起來有點囂張，但長年以來為了「盡可能賣得便宜一點」這種價格壓力所苦的食品業界，其實沒有勇氣向消費者提出適當的售價。如今已是社群媒體發達的時代，小型食品製造商只要努力一點就能直接面對消費者，讓消費者知道製造商的想法與理念。我希望自己能創造正面而幸福的連鎖反應，並且不偏不倚地站在產地與消費者之間，為產地與消費者架起橋樑，同時以「只用九州素材製造」的概念繼續開發相關商品。

在食品業界中，「九州 KYUSHU」這個品牌的概念當然不是我

---

2 價格競爭：以別人的價值觀衡量商品或服務的價格是非常空虛的一件事。由自己原創的事業當然要由自己衡量價值。想跨足的事業領域是怎麼樣的市場呢？是紅海市場還是藍海市場（低度競爭的未開拓市場）？找出藍海市場就能避免陷入無意義的價格競爭，也是不可或缺的第一步。

公司的專利。我們同樣只是受惠於九州這塊土地的其中一員（One of them）。如果在九州的「飲食」領域之中，能有更多人善用產地資源打造成功的商業模式，九州這個品牌一定能更亮眼。但願我這間小公司能有一直站在潮流前端的**覺悟**[3]。

熱銷商品從誕生那一刻就有可能開始走下坡。創業家得一直站上另一個挑戰的起跑線。不管商品多麼熱銷，總有一天會退燒與成為過去，情況愈是順利，優秀的領導人就要愈懂得居安思危。

為了讓事業步上軌道、讓企業持續成長，人力、物資、資金和資訊這些經營資源缺一不可，但要一直保有這些經營資源卻難如登天。此外，擁有堅定的信念，敢於踏出舒適圈進行下一波挑戰，同樣是領導人必備的資質。

我的興趣正陸續**延伸**[4]到源自九州鬆餅的各種新企劃。

以小麥為主要原料，搭配各種雜糧製成的九州鬆餅其實是能用於各種料理或產品的萬能鬆餅綜合粉。該如何利用手上這個最強「武器」與「經營資料」來決定經營方向呢？我總是不斷地煩惱著，也一

---

3 覺悟：確定自己的使命，割捨多餘的事物。所謂「覺悟」也是了解自己擁有什麼，沒有什麼的過程。擁有這種覺悟的創業家在專心創業時偶爾會讓人覺得很任性，獨善其身，但有時候就是必須一個人做出決定，所以「覺悟」也是勇於面對這種孤獨的心態。

4 延伸：讓意識不斷地往下一個方向延伸，直到找到下一個機會便立刻採取行動。勇敢地踏出全新的一步就能找到更多機會，延伸出一連串發展。

邊探討「只靠九州的農業素材能夠開發什麼產品？」這問題的答案，一邊尋找無限的可能性。

為了讓理想具體成形，二〇一八年三月我在宮崎市開了「九州鬆餅 Kitchen」。雖然店內空間有四十七坪這麼大，但一半以上都是大型的烘焙廚房，整間店的形式簡直就像店面併設工廠，並在店裡以九州鬆餅的素材嘗試開發各種產品。

我在美國西岸與新加坡都看過以倉庫徹底改裝的烘焙工坊，烘豆機則是烘焙工坊中的主角。許多顧客都因為認同「Small batch, hand crafted」（由職人少量烘焙的精品咖啡豆）的理念與其附加價值而紛紛湧入工坊。

九州鬆餅 Kitchen 的主角是坐鎮在廚房正中央的烤箱。我想使用這台烤箱與最棒的九州素材，從前置作業開始就處處用心，讓手工細心烘焙的美味吐司、派、餅乾，宛如魔法般在這裡誕生，也想將這裡打造成提供九州鬆餅的品牌旗艦店。

在九州存活的覺悟

二〇一五年十月代官山的店收掉後，我開始摸索九州鬆餅 Cafe 在日本國內推廣的全新方式。

此時九州鬆餅已在台灣開店，是一間不預約就無法入座的熱門咖啡廳，也準備在新加坡展店。此外，每個月都湧入許多來自東京的開店邀請，其中不乏在東京都都心黃金地段開店的機會。

只要接到這類邀請我都會前往東京，觀察情況，卻總是難以抹去心中那股如同薄霧籠罩的**不安**[1]，每一次都拒絕了對方的美意。

日本全國各地有無數品牌想擠進東京，幾年後還能存活的在地品牌卻寥寥可數。以全世界來看，東京是房租與人事費用飆漲速度最快的激戰區，我們的品牌真能在東京存活嗎？萬一失敗的話，應該會**連累**[2]台灣與新加坡的夥伴吧？每當想到這件事，我就遲遲不敢進軍

1 不安：有時沒來由的不安比理性更能告訴我們該選擇哪條路。如果你莫名感到不安，千萬不要忽略這個感覺，而要找出不安的源頭。要想擺脫不安，只能擬定策略再付諸行動。

2 連累：一旦開創了事業，整個人生就會與相關人士以及他們的人生有所牽扯，所以即使是自己開創的事業，也必須時時提醒自己，這份事業不再只是自己的事業。要做出與事業相關的選擇或決策時，一定要反覆思考會不會連累其他人。這是創業的原則，也是一種禮儀。

東京。

就在這樣的狀況下，迎來了二〇一六年四月十四日晚上九點二十六分。

當時我與蔡先生正在宮崎市鬧區的「nishitachi」燒肉店聊得開心，店內許多台手機此起彼落地響了起來，我才知道以熊本縣為中心的地帶陸續發生了巨大地震。根據日本氣象廳地震警報，最大震度高達七級。媒體從隔天早上開始報導熊本地震相關細節，大家這才慢慢了解這次地震有多麼嚴重。

屋漏偏逢連夜雨。我立刻打了通電話給九州鬆餅的生產夥伴熊本製粉的負責人小宮有美子，電話那頭告訴我：「村岡社長，倉庫內部倒塌了，目前狀況不明，員工有家歸不得，全在停車場的車子裡面睡覺。所有的工廠都停工，目前還不知道下一步該怎麼辦。」對方邊啜泣邊強裝鎮定地說明了目前的情況，靜靜描述著事實的語氣恰恰證實了事態的嚴重性。我拜託她「人命優先，先不用管我這邊，先盡力掌握狀況就好」，便掛了電話。

新加坡的九州鬆餅 Cafe 因此延後至五月十一日開幕。「產線是否能夠恢復呢？」我心中浮現了這個疑問。更糟的是，我根本無從掌握眼前這場大震災的影響層面多廣、多深。雖然內心極度不安，我還是決定除了必須為了開店飛往新加坡的日子之外，撥出所有時間參與熊本的**支援**[3]活動。震災後連續好幾個月，我每天都忙著將物資送往臨時設立的體育館，也忙著在八代的商店街舉辦振興活動。

身邊的一切總算稍微穩定下來之後，六月二日，九州鬆餅被電視節目《寒武紀宮殿》介紹，整個事務所的景色為之一變。許多東京的百貨公司與大型不動產公司紛紛前來洽談生意，不管哪一間超市架上的九州鬆餅都被一掃而空，辦公室的電話整天響個不停，每通電話都是打來要求「請早點提供商品」。

然而，這時熊本製粉的生產線還沒完全復活，無法滿足激增的需求量，再加上長崎縣雲仙市生產的粳黍庫存不足，只好設下出貨量限制，再向買家與批發商說明原委。

「產線在這次熊本地震的影響下無法全力生產，原料的調度也還

---

3 支援：我覺得九州大地震復興支援活動記取了二〇一一年三月十一日發生的日本三一一大地震的教訓。九州各縣在最短的時間內建立了必要的支援體系，一般市民組成的志工團隊也立刻出動。危機來襲之際最能洞察人性，到底什麼是最優先事項呢？大家又能從改變人生重大價值觀的事件學到什麼呢？熊本、阿蘇地區的振興支援活動仍在持續中。

有問題，可能得等到冬天才能出貨給新的店面，舊店面的部分則得限制出貨量，真的非常抱歉。」

雖然大部分買家都能諒解，某些買家卻語帶威脅地說：「再拖下去就會錯過這次商機，無論如何都請立刻出貨，否則就要停止交易。」我甚至聽到邀請我們前去開店的人輕佻地說：「九州現在因為熊本地震而備受關注，正是做生意的大好機會。」

震災發生一個月之後，熊本製粉率先讓九州鬆餅的產線復工，但還是無法解決供不應求的問題，出貨速度仍然追不上需求。辦公室的電話依舊整天響個不停，每位員工也一邊賠不是，一邊努力解決問題。

某間超市甚至說：「我們打算為九州鬆餅設立專區，在專區內提供貴公司全系列商品。」未能滿足對方需求的我真的非常不甘心。另一方面，我心中都是在如此艱困的情況仍然努力生產原料的製粉公司、熊本產地的大家，還有整天賠罪卻仍然想辦法解決眼前情況的員工……

慢慢地，我心中浮現了「要在日本國內開店的話，九州鬆餅 Cafe 不會離開九州」的想法。

我們想**傳遞**[4]的是九州這塊土地的富庶與魅力。我們想在咖啡廳呈現的是只以雞蛋、牛奶與九州最佳食材製作鬆餅的「Eat Locally」理念。換句話說，這是不來九州就嘗不到的在地風味，我也希望藉此打造做為社群起點的「場域」。

住在九州的我們要在希望分享給每個人的「美麗的地方」設立九州鬆餅 Cafe，希望在地的每一寸美景都能成為每位客人的「美食回憶」。不管九州鬆餅多麼受歡迎，成為只有九州才有的連鎖咖啡廳不也是件很棒的事情嗎？我決定，在日本國內開店時只在九州，而且要盡一切努力讓九州鬆餅 Cafe 成為在地的明星品牌。

震災過了一年多之後，二〇一七年五月，株式會社「Culture Convenience Club」（以下簡稱ＣＣＣ）的谷本將太先生跟我提了一件完全出乎意料的事情。他告訴我，他準備在佐賀縣武雄市圖書館蓋一座「武雄市兒童圖書館」，希望我能幫他的忙。

---

4 傳遞：重要的是「向誰傳遞什麼樣的價值」。以「獲得」這個欲望為起點的事業經常伴隨著不滿足，以「傳遞」為起點的事業則會慢慢地變得豐盛。

這座由ＣＣＣ擔任指定管理者的圖書館除了以嶄新的裝潢概念與蔦屋書店合為一體，也成功地讓星巴克進駐人口僅有五萬人的小鎮，當時曾在全日本引起話題。除此之外，這座圖書館還是一個傳奇場所，由於我的朋友、前武雄市長樋渡啟祐在視察當時蔚為話題的代官山蔦屋書店時，碰巧遇上ＣＣＣ的增田宗昭社長，當場說服後者來武雄蓋圖書館，武雄才會擁有這座兒童圖書館。

正在宮崎縣各處小學與幼兒園舉辦鬆餅食育教室的我一聽到「武雄市兒童圖書館」，**直覺**[5]認為「在那裡的話，說不定能充分呈現九州鬆餅的世界觀」，當場便說「我一定會認真思考這次的邀請」。

完成指定的管理者資格審查，ＣＣＣ被發布為正式經營者那一天，我也告訴樋渡先生九州鬆餅 Cafe 將進駐圖書館的決定。樋渡先生雖然有些驚訝卻開心地說：「這麼一來，我在市長時代想打造的地區型社群圖書館總算完成了！」

二〇一七年十月一日，在宮崎縣之外的日本國內一號店「九州鬆餅 Cafe 武雄市兒童圖書館店」在授權ＣＣＣ經營的情況下正式開幕。

---

5 直覺： 請重視在吸收新資訊的那一瞬間突然湧現的直覺。假設在坦率地接納這個直覺之後，於內心形成的期待感沒有變淡，就可以踏出下一步。這一步也將成為發現與創造新價值的起點。

這間在武雄市誕生的咖啡館就如我們的概念「想打造一處讓這塊土地恢復活力的社群」，充滿了許多笑聲。

努力在海外不斷展店之餘，只在九州設立分店。這乍看之下似乎是兩個背道而馳的目標，在我心中卻仍然符合建立「九州KYUSHU」這區域品牌成為在地第一名的咖啡廳，同時繼續向世界**宣傳**[6]的事業型態。所有與九州鬆餅有關的生意，都會在我的固有戰場「九州」持續發展。

或許某一天，我們打造的品牌能遍及亞洲每個角落，許多外國旅客也會為了造訪九州鬆餅 Cafe 而慕名前來九州。

光是想像這幅光景，就讓我整個人興奮不已。

6 宣傳：請將事業體視為一種媒體。想要宣傳的訊息是什麼？請務必深入探討這個問題，選擇網站、部落格或社群媒體做為宣傳手段。就算是小型的事業體，也可以讓「宣傳」效果最大化，藉此說明事業理念。

以農業為基礎，打造世界第一的產品

拓展九州鬆餅事業的同時，繼續開發下一個九州品牌。這種以九州地區為**品牌行銷**[1]基礎的思維今後不會有任何動搖。九州鬆餅這項產品今後也將成為所有事業的主軸。

二〇一八年三月，兩個新的九州品牌發布了。

一個是吐司專業品牌「九 pan」。這款吐司的主要原料是歷經十年以上，專為吐司改良的熊本縣玉名產的「南方香氣」（MINAMINOKAORI）小麥，這些小麥都會經過特殊的製粉方法製作成頂級麵粉。

此外，九 pan 的原料還包含了九州鬆餅的雜糧綜合粉。整個烘焙過程會從最初的麵團發酵開始，並且在店內完成。這款吐司使用的小麥、雜糧以及鹽、砂糖等周邊素材都於九州境內調度，與九州鬆餅的

---

1 品牌行銷：與其他品牌做出區隔、強調差異之處，就能建立品牌。開發品牌時必須跨越既有的邊界。宣傳品牌時則必須設立新的邊界。新的價值也將於這條「邊界」附近誕生。

共通處在於每樣素材同樣具有可追溯性。「九 pan」絕對是餐桌上不可或缺的吐司麵包。我們的目標是只使用九州素材打造「日本第一」的美味。

另一個九州品牌是以九州百分百生乳製作的霜淇淋品牌「KYUSHU SOFTCREAM FACTORY」。我可以非常有自信的說，這款不使用任何香料，只用九州生產的牛奶，徹底發揮牛奶原有風味的原創霜淇淋絕對是最美味的霜淇淋，就連當作容器的玉米杯也是用九州鬆餅綜合粉在店內一個個**細心**[2]慢烤而成，絕對是以**獨一無二**[3]的製造方式與技術生產的霜淇淋，也絕對沒有人可以模仿。

這兩個品牌都預計進軍全世界，經過多重驗證與改良後會先在台灣試水溫，再推廣至亞洲每個角落。

我們這種小公司、小組織要想成長，就少不了願意徹底支持我們的外部協力者，每個專案也都必須精挑細選夥伴，組成所謂的「九州團隊」。

讓團隊得以齊心協力的樞紐就是「理念的分享」。「這個專案的

---

2 細心：創造新價值的作業往往得經過無數次反覆驗證。所謂的細心，就是不厭其煩的意思。只有能持續思考，超越常人思維的人，才能抓住成功。我們也只有在沒辦法更細心的情況下找到「成功的出路」。

3 獨一無二：超越失敗的人之所以能不斷創造獨一無二的價值，全在於他擁有的經驗與意志力。模仿別人的創意無法超越對方，也與我的個性不合。只有靠自己的身體學到的創意，以及從失敗得到的靈感，才能催生出獨一無二的價值。

目的到底是什麼？」這個問題可以催生出超越利益的羈絆，而為了達到這個地步，必須具備真正的理念，才能清楚描繪「想傳遞的訊息」。

二〇一七年三月，我前往洛杉磯拜訪被譽為「武士會計師」、「昭和的約翰萬次郎」的國際會計師竹中征夫。竹中先生曾在一九六〇年代被世界最大的會計事務所錄用，成為第一位被該會計事務所錄用的日本人，之後也協助金融機關、汽車製造商、泡麵這些大型日本企業進軍海外市場，同時多次促成企業併購，目前則是商業顧問。簡單來說，就是默默幫助日本企業進軍美國的有功人士。

跨越身為日本人的劣勢，長年觀察全球市場變化的竹中先生告訴我，「日本以機械或半導體作戰的時代已經結束了。科技也不再像以前那般風光。接下來能於全球市場通行的日本技術就是農業。」

關注日本飲食，認同和食的時代已經到來，全世界各大城市的日式餐廳已經細分成「壽司」、「拉麵」、「天婦羅」、「豬排丼」等專賣店，只要是提供日本正統風味的店家，每間都大排長龍，生意興隆。

進入下個階段之後，能夠強調日本產地的魅力，堅持使用在地原料的商品或服務將為之流行。竹中先生信心滿滿地認為，以九州鬆餅為主軸，同時以「地區」之名推廣區域品牌的概念，絕對有撬開全球市場大門的潛力。

足以傲視全球的日本「飲食」產業今後還有大幅成長的潛力，我也因為竹中先生一席話得到莫大的勇氣，更相信自己接下來要走的這條路是正確的。

蘊藏著孤獨與緊張的興奮感，我想被這股名為覺悟的漩渦捲到更深處

有限公司今村直樹事務所代表
東北藝術工科大學教授、影像導演
今村直樹

我記得自己是在二〇一二年年底收到剛完成不久的九州鬆餅。一收到，我就迫不及待地打開享用，當下便覺得「這項商品一定會變得很了不起」。雖然不是近江商人的「三方共好」（賣家、買家、社會三贏的意思），但這項商品的確在生產者、消費者、地區這三者之間建立了幸福的關係，也因此不斷地茁壯。這是一門為了地區著想，為了讓地區恢復活力的生意。我不禁覺得，村岡浩司的生存之道與這項商品如出一轍。

二〇一三年拜年時，我直截了當地傳了「村岡先生，要不要拍支廣告」的訊息給村岡先生。說是拍廣告，其實是拍攝由零預算的創意人員反過來向客戶提案的非商業廣告，算是一種全新的嘗試。

後來我們透過電子郵件討論了很多次，現今重新讀一遍那些通信還是讓人非常興奮。其實在以電子郵件討論時，我們就已談到了包裝設計與標誌的重新製作，廣告的概念也幾乎確定了。不過，這股興奮感的另一面是賭上人生的男人才有的孤獨與緊張。正因為抱有覺悟，才能吸引人。沒錯，那個時候我已經被捲入了名為「覺悟」的漩渦中。

在那之後，我透過長達一年半的九州鬆餅非商業廣告拍攝之旅（最終於二〇一五年夏天完成拍攝）發現，「這人是個不折不扣的製作人」。他一邊妥善地管理資金與作品品質，一邊讓負責作夢的創意人員做好自己的工作。說得簡單明瞭一點，這就是製作人的工作。希望他能多多利用我們這群為了九州鬆餅集結的創意人員，希望他多派點工作給我們。希望他以 MUKASA-HUB 為起點，培育「第二個、第三個九州鬆餅」，也希望他把整個九州培育成一個品牌，我希望有更多創意人員被捲入這個大漩渦之中。就這層意思來看，我希望他能真的成為製作人。

今村直樹

有限公司今村直樹事務所代表。影像導演、東北藝術工科大學教授。一九五四年於岐阜縣出生。拍攝非商業廣告之前，曾為多家足以代表日本的企業拍攝廣告，其數量之多，超過五百部，也負責這些廣告的企畫與演出。二〇〇六年啟動了非商業廣告專案，目前正在執行「榻榻米專案」。自二〇一一年開始於東北藝術工科大學設計工學部影像學科擔任教授。著有《幸福的廣告——在廣告導演眼中的廣告與廣告的未來》（羽鳥書店出版）。

能與傾全力活化九州經濟的村岡先生做生意是我的驕傲

千康有限公司社長　**蔡景明**

還記得那是二〇一四年三月十二日，去日本出差的時候。我在前往拜訪顧客的途中，在代官山發現了寫著「九州鬆餅」的招牌。被招牌莫名吸引的我走進店裡，點了鬆餅，之後便為這道鬆餅的絕妙口感與美味所驚豔。這就是我與村岡先生結緣的契機。

同年四月二十六日，我在宮崎第一次與村岡先生見面。雖然彼此都有點緊張，我卻被他的誠實所吸引。他那述說著九州鬆餅品牌的起源與企業理念的表情與聲調，在在說明了他的真心與熱情。

以九州七縣的穀物製作的九州鬆餅是為企業與農家尋找活路的商業模式，目標是打造源自宮崎的全球品牌，也一步步地邁向這個目標。這份事業不是只追求自家公司的利益，也背負著活化九州農業與經濟的使命。

此外，村岡先生在二〇一七年將宮崎的舊校舍翻新為 MUKASA-HUB 共同工作空間。這項事業的目的在於創造在地創生的商業社群，藉此讓日本的商界人士、年輕創業家、農家有機會交流，也在人與人以及人與土地培育夥伴關係，充分反映了村岡先生想在自己最愛的故鄉「九州」帶動經濟奇蹟的決心。

村岡先生今後也會朝著目標，實現每一個事業計畫吧。能與為了故鄉不斷努力的村岡先生一起拚事業是我的榮幸。對於為了讓九州鬆餅進軍台灣市場而不遺餘力協助的村岡先生，我只有滿滿的感謝，也打從心底尊敬他。

（中翻日＝游穎欣）

蔡景明

一九七〇年出生，國立台灣海洋大學畢業。現為千康有限公司、千樺國際有限公司、旁庫奇國際有限公司、千平日本餐館有限公司社長。

二〇〇五年，早一步察覺日本產品將在台灣掀起旋風的他，創立了女性化妝品、雜貨代理商的千康有限公司，也盡力進口日本與韓國的優質化妝品、護膚產品與牙齒保健產品。二〇一四年設立九州鬆餅台灣代理的旁庫奇國際有限公司。二〇一八年三月在台灣設立了三間分店。以「分享幸福給別人」做為企業價值的他除了經營事業之外，也傾力支援醫療、偏鄉教育、賑濟貧困這些社會福利工作。二〇一五年十一月，在台灣學生人數低於五十人的小學啟動「九州鬆餅快樂&微笑、愛分享」的鬆餅教室課程，這項課程直到二〇二二年四月仍繼續舉辦中。這項課程也曾於二〇一六年三月《商業週刊》第一四七七號「王牌加盟商」採訪報導之中介紹。

不管是誰，都會想與浩司先生建立雙贏的關係

USHIDOKI WAGYU KAISEKI 料理長 **廣橋信昭**

這次受託執筆的主題雖然是「我眼中的村岡浩司的現場」，說是浩司先生的現場，但他其實是個工作即生活的人，感覺他一直活在工作之中，所以他的上班時間不是朝九晚五，總覺得他是二十四小時，隨時都在啟動狀態下的人，而且一談到工作就停不下來，也讓他的工作現場總是充滿了熱情。

九州鬆餅 Cafe 準備進軍新加坡時，我曾經為他介紹了夥伴。在他相信對方不會只把九州鬆餅當成商品，而是會像他一樣疼愛九州鬆餅之前，他就像是前往隔壁村子那樣不斷往返於台灣、新加坡之間。行動力之強，總是讓我非常驚訝。

直到現在，我都對笑容滿面談著對美式鬆餅綜合粉的想法，以及提到「希望現在的小孩成為大人時，這款美式鬆餅綜合粉能成為他們的回憶」時的浩司先生印象深刻。

浩司先生在遠離都會區，與其他縣市交通不便，被戲稱為陸上孤島的宮崎（我倒是挺喜歡這樣

的宮崎）奮鬥。擁有超強行動力的他將宮崎的劣勢轉換成優勢，並以宮崎為據點，以世界為舞台，再透過九州的產品串連大家。著手開發的商品都有生產者的寄託，也是為了消費者而獻上的商品。

這種雙贏的關係是浩司先生的魅力，大家也因此被吸引，然後再吸引另一群人。我覺得他真的是一位富有吸引力的人。

我與浩司先生的境遇類似，都是壽司店第二代。雖然現在在不同的場所從事餐飲業，仍然希望有一天能在餐飲相關活動中一起捏壽司。

廣橋信昭

USHIDOKI WAGYU KAISEKI 料理長。

大學畢業後在大阪知名料亭學習，後續繼承了家中的壽司店。二〇〇九年，接受來自新加坡的日本料理店開業邀請，遠赴星國，在新加坡開了當時仍相當罕見的懷石料理專賣店。現在擔任採用宮崎尾崎牛的和牛懷石料理店料理長。二〇一六年，於F1新加坡開店，並於 SINGAPORE G RESTAURANT AWARDS 2016, 2017 得獎，還於 SINGAPORE TOP RESTAURANT 2017 獲得兩顆星殊榮。

第五章

成為連接在地與世界的樞紐

每天都忙著經營餐飲業、拓展九州鬆餅事業與社造活動。
當這些經驗與九州新時代即將到來的預感揉合之後，
我想到了與地方創生這個未來的生活、工作方式有關的新點子。
那就是 MUKASA-HUB。
這是跨越邊界，讓不同文化得以交流與催生新價值的場所。
我們要在這裡建立放眼全世界的九州人際網路，
一邊支援年輕人創業，一邊讓九州找回活力。
同時還要支援我在九州各地遇到的在地飲食文化與產品。
我希望不斷地旅行，不斷地與不同的人相遇，
藉此架起九州與世界之間的橋樑。
「九州傻瓜」的旅行還要繼續下去。

思考平衡的「箱子」

要讓事業成功，有時必須刻意拿捏「人力」、「物資」、「資金」的平衡，如果是現在的話，還得加入「最新技術」（technology）與「資訊」（information），而這些當然都是經營事業的必要元素。

從旅行社成為綜合娛樂企業的「HIS」株式會社社長澤田秀雄在某次採訪時，曾說了下面這段話。

「除了速度之外，經營企業的重點在於『平衡』。如果你的直覺告訴你『好像有點太過火了』，身為經營者的你就必須趕快踩煞車。比方說，連續五年公司業績都翻倍成長就是危險訊號，因為人力與業績都翻倍的話，員工的教育與服務品質會追不上公司的成長，如此一來，當服務的品質下滑，業績就會一落千丈。所以在演變成如此局面之前，必須刻意扼止公司成長。

此外，如果因為公司很賺錢就一直投資設備也相當危險，一旦業績下滑就會因為周轉不靈而倒閉。這一切都是因為失去了『平衡』所導致的。不管是宇宙、國家、企業還是人類，平衡都非常重要，就如同人類一旦營養失調就會生病。

一直緊緊踩著油門的話，絕對轉不過業績下滑或周轉不靈這個急轉彎。如果一直踩著煞車，公司的成長則會遲滯。知道公司的成長曲線不會永遠向右揚升的知名經營者，控制油門與煞車的技巧實在非常巧妙。」

二〇一六年夏天，為了讓公司持續成長，我被迫強化總公司的機能，這也是投資戰略的一環。參加電視節目《寒武紀宮殿》的**影響**[1]可謂無遠弗屆，連日都有來自日本全國各地的洽談，壽司店二樓的小小事務所已經無法承接如此龐大的業務。

由於沒有足夠的資金蓋新辦公室，我只好到處詢問有沒有能夠便宜租下的大場地，例如郊外的倉庫或工廠廢址這類場所，就在這時聽聞有間廢棄小學正要標售。

---

1 影響：當難以想像的劇變近在眼前，你是嚇得直發抖，還是不斷思考對策呢？愈是會讓你停止思考的大型拼圖，另一邊的道路就愈寬廣，所以經營才這麼有趣。經營者本身就該扮演提出新挑戰的角色。此時不能讓自己陷入不懂得反省的地步，而是要先看穿挑戰的本質，再乘著正確的潮流往前邁進。

聽到消息的當下，我直覺認為「說不定會很**有趣**[2]」。

我一邊蒐集「廢校」的資訊，一邊準備競標，從不同的**角度**[3]同時想像某件事的可能性。該說是我不知不覺養成的習慣嗎？說得好聽一點，這就像是某種技能吧。

在人口持續減少，社會持續萎縮的現代，廢棄的學校向來是相當嚴重的社會問題。打開文部科學省的官網就會發現，平成二十六年的廢棄學校有四百七十七間，平成二十七年有五百二十間，從平成十四年到平成二十七年總計有六千八百一十一間這麼多。還沒決定用途的主要理由共有兩點，一是在地人沒有提出特別的要求（百分之四十八・七），以及設施過於老舊（百分之三十七・五）。

校舍只是個「箱子」，要重新利用就得花大錢改裝。若無前例可循，該地區就不太會想重新利用。但我覺得，若能發揮創意讓校舍起死回生，應該就能解決社會問題，興起了「全面翻新校舍，再將總公司移入校舍之中，並將校舍開放給公眾，藉此將校舍改造成思考社會課題的在地社群樞紐空間」的想法。

---

2 有趣：有趣還是無趣？終極的動力來源全在這一點。當你遇見很有趣、令人雀躍的事業，通常會比較專注，也會比較投入，直到做出結果為止，就算在過程中遇到阻礙或是覺得很辛苦，也不會覺得有壓力。

3 角度：對事物的看法、想法或是方向性。到底什麼才是正確的？面對某件事情時，從不同的角度觀察、檢視，就有機會獲得新觀點。

從眼下的財務狀況來看，「購買校舍」這個決定有一定的風險，但從幾年後的事業規模來看，似乎還算合理。更重要的是，我覺得這是最適合「將九州鬆餅創造的利益以某種具體形式**回饋**[4]地區」的構想。

不過，該怎麼向員工解釋「購買廢棄的小學，再將總公司移入校舍」這天馬行空的想法呢？即使是我也難免**猶豫**[5]，說不定員工會強烈排斥遷移辦公室，突如其來的改變往往讓人感到害怕，連我自己也曾經相當煩惱。

差不多十年前，也就是我三十八歲時，在市中心開了「CORNER」咖啡館，之後因為口蹄疫肆虐而連續好幾年吃盡苦頭。

如果再往前回溯十年，回到二十八歲的話，那時的我事業失敗，向父親求援而成為壽司師傅。

再往前回溯十年，回到十八歲的話，是我決定前往美國的年紀。

看來我的人生每十年就會迎來一大轉折。

雖然不知道這次的挑戰是否正確，但長年累積的經驗告訴我，這

---

4 回饋：創造受惠就回饋的良性循環之後，在此循環中就會出現下一波的生產與創造。

5 猶豫：對員工來說，既是「父母」又擁有絕對權力的「社長」有時會有高處不勝寒的煩惱與孤獨。所以遇到必須對團隊曉以大義，獲得團隊諒解的情況時，一旦猶豫就會讓自己的速度變慢，但第一線的現場不會為你慢下來。如果陷入了猶豫，就相信夥伴，與夥伴對話。勇敢邁開步伐，一定能走出另一條路。

是「絕對該做的事情」。

人本來就討厭改變。說得誇張一點，只要打算做沒做過的事，就會出現各種讓內心陷入不安的阻礙，讓人鬱鬱寡歡。

會討厭環境變化是生物維持生命的本能，但只有適合環境變化的生物才能在進化過程中存活。要讓自己與組織大幅成長時，必須自行破壞「不想改變」這個無形的煞車。

我對員工有一項要求，那就是希望他們成為不把現狀視為「理所當然」，不斷渴望成長與挑戰的集團。我希望公司內部能形成將公司的成長視為一種**社會貢獻**[6]的文化。時代總是不斷變化，組織必須不畏「改變」，不斷地挑戰未來。

和在地的金融機關商量之後，這才知道，地區銀行在國家一連串地方創生政策之下，開始摸索能促成地方發展的投資方向。負責放款的行員說：「只要是活化在地的投資案，本行都會朝積極的方向審查。」

於是我決定踩緊油門，著手於以銀行資金購買廢棄校舍與土地，

---

6 社會貢獻：公司是一種「公器」，經營公司時，必須時時將公益放在心上。若是一味地追求自家公司的利益，絕對無法完成公司本來的使命。若失去與公眾的連結，公司也將難以存續。

以及遷移總公司的大型投資案，也立刻寫了一份事業計畫書。

這個讓人覺得不合身分的「大箱子」一定能讓我們大幅成長。我希望讓「不害怕挑戰」的心態成為公司文化，為公司帶來持續成長所需的新氣象。

雖然這次買的是廢棄校舍，但這麼一來就能擁有屬於自己的公司大樓，也就是我們的城堡，同時希望員工能因此更實際地感受公司的成長。此外，廢校向來是一大社會問題，我希望活用這「被廢棄的地方」，讓這裡成為一個能夠思考事情的「箱子」，讓大家在這箱子裡思考商業與社會貢獻的平衡、工作與生活的平衡，以及公司未來的方向與願景，還有該在社會中扮演的角色。

成為接受變化與開創未來的企業

從宮崎市區開車到山腳附近約需二十分鐘。那間廢棄小學位於高岡町這個人口僅一萬人的小鎮。由於這所小學的名字是穆佐（mukasa），我也希望這裡能成為地區社群的成長據點，便將新的辦公室命名為「MUKASA-HUB」。

自二〇一七年五月開幕以來，有許多創業家、社會活動家造訪了MUKASA-HUB。這是在壽司店二樓辦公時不可能發生的現象。

我參與社區營造活動的方式也變得不一樣。不斷地辦活動無法讓整個地區恢復活力，我也覺得之前的做法已經走到了盡頭，接下來必須在這個地區帶出更多創業家，創造更多的新產業以及就業機會。我不希望再次單兵作戰，而是與在地的核心企業打造能夠一起成長的平台，因此轉變了路線，打造能促成這一切的樞紐。

「為了讓人才與資金回流，促進地方經濟，必須打造高生產力與充滿活力的產業，也要創造足以吸引年輕人、女性和壯年期勞工的職場」，這是安倍經濟規劃的國家戰略地方創生政策之一，我將總公司的部分空間**開放**[1]給公眾，做為共同工作空間使用，正是想呼應此一國家政策。

此外，我也向不同的人才招手，希望他們能活用經營者的經驗，擔任指導年輕創業家的創業輔導者（incubator）。如果需要的話，我也可以擔任**導師**[2]（mentor）、天使投資者（投資草創期企業的個人），間接參與新創企業的經營。

簡單來說，校舍這「箱子」只是個容器，能描繪在地社會的未來，以及能創造出讓未來更加豐富的服務的，是聚集在此地的每一個人。

理念與利益是互補的關係，只有公司成長才能對社會有所貢獻。兩百多年前的日本思想家二宮尊德曾說「不道德的經濟是罪惡，缺乏經濟的道德是夢話」，由此可知，不管多麼遠大的理想，沒有經濟支

---

1 開放：開放通常伴隨著恐怖。與常規不同的異文化會讓人覺得不安，進而拒絕開放。不過，勇敢踏出舒適圈就會發現令人興奮的事物。為了獲得開放後的絕佳效果，就必須先自行「開放」原有的空間或場所。

2 導師：對於準備創業的年輕經營者來說，能與可以根據過往經驗給予建議的創業家相遇，可說是無可取代的經驗。其實創意本身不具價值，只有在昇華為可實現的事業構想時，創意才算擁有生命。能夠幫忙激發潛能的導師可說是地方創生的關鍵人物。

持都只是天方夜譚。

過去我的公司總因經營不善而一直踩煞車，如今總算踩緊油門，進行大筆投資，這個「箱子」能不能帶動地區，又將創造什麼樣的平衡呢？我希望 MUKASA-HUB 為地方帶來的價值能夠成為活用日本全國廢棄校舍的典範。

政府機關與民間、公共與私人、志向與現實，我希望能在這些事情之間保有平衡，達成社會**整體最佳化**[3]的目標。我堅信，這就是在地創生的理想模樣。

經營上，需要保持平衡的部分不只是財務。在此之前，員工都擠在狹窄的辦公室上班，新辦公室除了更加寬敞，還附設了單純，機能卻相對齊全的配送中心。

除此之外，還增設了設備齊全的實驗廚房，可以加速美式鬆餅的開發速度，也能迅速回應台灣或新加坡這些全球夥伴的要求。

更重要的是，我們可以在實驗廚房中**盡情**[4]試作樣品，開發商品的能力因此大幅提升。新品牌「九 pan」與「KYUSHU SOFTCREAM

---

3 整體最佳化：以經濟為優先的社會會助長個人主義的生存方式。此外，現代社會生活中不可或缺的科技也是重建人際關係的工具。尊重每個人的個性與人格，並以每個人自立自強為前提，就能一起思考讓社會變得豐富的方法，也能一起分享社會的富足。為了獲得幸福的生活，我相信社會具有整體最佳化與自我修復的功能。

4 盡情：能做想做的事，揮灑能力的場所。為團隊打造一個能揮灑能力的環境是經營者的工作，如此一來，就有可能創造新的價值或是想到新的專案。公司與組織也將成為開創在地未來的搖籃，將這件事當成使命，比較能開創出具有創造性的事業。

FACTORY」之所以能夠實現，全拜實驗廚房所賜。

MUKASA-HUB 也設置了讓在地新創企業家聚集的共同工作空間與共享辦公室，擁有不同價值觀的人可在此空間交流，目光不夠長遠的員工也能因此擁有更寬廣的思維，這是 MUKASA-HUB 存在的一大功效。

新生態系的胎動

公司搬到新辦公室 MUKASA-HUB 之後，執行業務的**效率**[1]大幅提升。看到當初不知如何應對的員工接受如此變化，我非常開心。

我也開始覺得來到 MUKASA-HUB 共同工作空間的創業家很有可能成為扛起在地經濟的下一個世代。「或許這裡會成為超乎想像的在地創新樞紐」感覺日益強烈。

MUKASA-HUB 是由雙層樓式的舊校舍改建而成，二樓除了是有限公司一平的總公司，還有十五間新創企業的辦公室。一樓則是九州鬆餅的出貨中心、烹調室、食品實驗室，以及寬敞的共同工作空間與會議室。

共同工作空間是網路環境健全，內附影印機、傳真機、印表機、掃描器等辦公設備的分享空間。只要繳交為數不多的月費，每個月都

---

1 效率：當執行業務的效率變高，「時間就會變得充裕」，「內心也會變得更從容」。熟悉的做法不一定是正確的。要學習與熟悉新的做法需要毅力與時間，若能克服這兩點，提升執行業務的效率，員工的動力會提升，實現新理念與夢想的「團體向心力」也會提升。

能不限次數地使用，當然也能以單日租借的方式隨時租借。

據說「共同工作空間」是二〇〇〇年左右由幾個人在美國西岸的矽谷發明的工作模式，之後這股風潮於整個美國普及，並在二〇一〇年傳入歐洲。到了現在，日本、歐洲與亞洲各地都有將共同工作空間當成一門生意經營的動向。

共同工作空間與傳統的共享辦公室或租借空間的不同之處在於擁有「想要成長的商業社群」。雖然共同工作空間的人來自四面八方，有些是剛起步的創業家、藝人，有些則是遊牧工作者，但所有人都有想開拓未來的價值觀，也都想為這個世界創造新的價值。

雖然只是個人見解，但我覺得，共同工作空間的誕生與普及，與新咖啡文化在全世界普及的過程可說如出一轍。經營了 Tully's Coffee 十五年以上，參與多間咖啡廳營運的我會對共同工作空間產生興趣，想來也是理所當然。

從一九九〇年代開始急速成長的星巴克或 Tully's Coffee 這些精品咖啡店提出的「Side Place」概念一瞬間就被全世界接受。雖然自二〇一〇年開始提供 Wi-Fi、電源插座這類服務，帶著電腦在咖啡廳工作或開會也已相當普及，但顧客沒辦法只憑一杯咖啡在店裡坐太久。

當時代開始接受遊牧工作者的工作方式之後，共同工作空間也於這段期間應運而生。每位使用者都可以在空間內獨立工作，也可以在這裡遇見感興趣的對象或和人分享價值觀，完全不需要受到上下關係的束縛，彼此的地位是**平等**[2]的，還能透過對話與交流創造全新的事業。我認為「咖啡廳」與「工作」結合之後，共同工作空間這種價值才得以誕生。

MUKASA-HUB 除了提供場域，也定期舉辦各種**講座**[3]，致力於打造讓金融機關、創投基金（提供資金給未來可期的新創企業以換取股份的企業）、天使投資者或事業經驗豐富的導師能夠支援創業家的機制，為在地創生創業盡一份心力。

其中的舉措之一發生在二〇一七年五月，我的公司與從事創意支援事業的株式會社「Search Field」簽訂合作契約。MUKASA-HUB 會員在創業之際，可透過該公司經營的**雲端募資**[4]「FAAVO 宮崎」調

---

2 平等：在地社會或組織之內的上下關係有時會扼殺開創未來的希望之芽。不被年齡或頭銜這類上下關係束縛，建立能平等對話、合作的關係，是創新所需的環境。

3 講座：MUKASA-HUB 每個月都會舉辦多場講座，並於講座結束後進行「Networking」，讓大家在令人驚豔的空間內，一邊吃輕食或鬆餅，一邊交流，藉此利用在講座學到的知識開拓未來。這種讓人感到興奮的資訊會深深烙印在腦海裡。

4 雲端募資：雲端募資是不依賴雄厚的資本，憑一個人的熱情與周圍的共鳴，共同實現夢想的募資方式。我建議創業家、學生以及不同立場的年輕人試著透過雲端募資提案。不管多麼小的專案都可以。成為事業的主導者、領導者，進行簡報與執行事業計畫的經驗，將讓你成為偉大的創業家。

度資金。

從學生時代就開始使用電腦、智慧型手機的「數位原生」世代已慢慢成為社會的多數，但不管通訊科技多麼發達或普及，能夠面對面交流的社群仍有存在價值。生意的根基是人，創新則源自人與人的交流。

近年日本許多縣市的商店街都有拱頂老化或其他問題，而且現存的商店街組織無法找到釜底抽薪的解決方案，只能眼睜睜一路衰退，然而，年輕世代也開始在不受組織限制的人際網路之中討論各自應有的樣貌，分頭推動著社造計畫。

與此同時，大型企業也在公司內部設立咖啡座這類社群空間，藉此打造讓員工得以跨越部門、面對面交流的辦公環境。愈來愈多人理解這種充滿自由氣息的邂逅與交流能催生更多商業靈感，也是創意的來源。

現今已是多元的主體以開放而自由的觀點思考生意或地區的未來，並利用各自的專長創造新的事業構想，同時各自放下頭銜，建立對等關係的時代。網路與現實世界的融合將催生出新的社群，讓從獨自工作的創意人員到大企業上班族，每一個**個體**[5]都能在社群中平等地交流與對話。

除了開放性，讓志同道合的人有機會交流與互相刺激的共同工作空間，也讓來到這裡的人有機會打造出全新概念的組織。

共同工作空間是培養志向高遠，敢於創造在地未來的在地創投家的**苗圃**[6]。我覺得在這種沒有科層組織，能夠自由豁達地談論未來的環境裡，具有在地特色的社群將在全日本各地大量出現。

希望 MUKASA-HUB 能夠創造更多符合時代潮流的相遇與組織，成為創立事業與社群的據點。

---

5 個體：首先要有成為獨立個體的覺悟，之後才能在自由而平等的情況下，建立令人舒適卻又帶點緊張感的人際關係。

6 苗圃：種子要發芽、扎根，必須要有良好的土壤。創業也一樣，要讓有才能的年輕企業家在最短的距離成長，就必須備有做為底座的苗圃（平台）與養分（資金）。**MUKASA-HUB** 的目的是為了支援有志成為創業家的在地年輕人。

讓九州與世界連接的廢校共同工作空間

MUKASA-HUB開幕沒多久，九州各地陸續出現了將廢棄校舍轉換成共同工作空間的例子。

福岡縣田川市一群在地年輕創業家主導了歷史悠久的豬位金小學翻修計畫，將這座廢棄校舍翻修成非常受歡迎的地方。本為同學的樋口聖典與大井忠賢返回故鄉後共同創立了株式會社BOOK，成為共同代表，提出「創造與積累音樂內容的產業」目標與「福岡Contents Valley」構想，於二〇一七年四月啟動了「IIKANE Palette」這個核心據點。

同一個月，從翻修大名小學校舍而來的官民合作創新支援據點「FUKUOKA growth next」在帶動九州新創產業的福岡市成立。這個空間吸引了許多富有挑戰精神的九州創業家，也成為日本首屈一指的創投據點。

在此設立據點的福岡地域戰略推進協議會可謂產官學民一體的智庫。該智庫為了描繪福岡的未來並強化國際競爭力，一手包辦了成長戰略的策劃與推動。他們以福岡都市圈為核心，試著與九州各縣以及鄰近亞洲地區一同推動事業計畫。

擁有「打造虛擬的獨立國」此一共同目標的我們，將廢棄校舍打造成共同工作空間，再透過共同工作空間建立**人際網路**[1]，於二〇一八年春天在 MUKASA-HUB 舉辦了首次「九州廢校高峰會」。

「九州廢校高峰會」的主旨在於一邊巡視整個九州的廢棄校舍活用現況，一邊突顯少子化造成的社區瓦解、現存產業萎縮、人口稀疏地區的交通等問題，以及提出民間的解決方案。今後的計畫是每年在不同場所舉辦高峰會。

事實上，之所以「廢校」，背後一定藏著一些地區特有的問題。想讓時間一度停止流轉的場所復甦，必須透過各種主題讓廢棄校舍重生。雖然想打造 MUKASA-HUB 這種在地創投據點的人、想從事教

---

1 人際網路：一邊獨立經營與展開活動，一邊互相扶持的廣域人際網路。這是深具九州特色的生活型態提案。比起停留在某個地方的生活方式，更希望未來能有機會在「One Kyushu」這個口號的號召下，透過地區合作的方式拓展市場。於周末嘗試職住分離（職場與住處有一定距離）的生活方式也很有趣。

育或社會福利的人、想將廢棄校舍當成NPO或社造團體聚會的社群創生場域的人，各自有不同的主題，但歸根究柢，大家的願望只有一個，那就是「讓故鄉恢復活力」。

假設九州是個獨立的國家，那首都非福岡莫屬。在福岡，隨時都能聽到進軍亞洲市場的話題。從歷史來看，九州曾經是亞洲通往全世界的玄關。若以福岡為圓心，畫一個半徑一千公里的大圓，東京、大連與青島與福岡的距離幾乎相同，上海則是最接近福岡的地點，落在九百公里圈內。位於最西側的長崎與上海的距離約為八百公里，比起東京，上海離長崎更近。若從宮崎機場出發，兩小時內就能輕鬆抵達台北。距離亞洲各大都市非常近的地點優勢，絕對是九州的經濟得以發展的重要關鍵。

與高度成長的亞洲各大都市相較，日本的GDP成長率一直停留在百分之一的水準。這讓我覺得即使是中小企業都必須放眼全世界，讓九州從「日本的鄉下都市」**提升格局**[2]成為「全亞洲的九州」或「全世界的在地都市」。

---

2 提升格局：眺望過去與未來、前方與後方、右側與左側、上方與下方，時間與空間，藉此大量蒐集資訊，掌握所處環境與狀況，就能做出更適當的經營決策。

九州的年輕創業家正透過各縣的共同工作空間交流，形成一個又一個獨立的商業社群。全亞洲的創業家跨越國境，湧向九州的時代近在眼前。只靠東京這類大都市帶動日本經濟與富足的時代已經結束了，今後，個性鮮明的商業創意將於在地小鎮誕生，再於全世界展翅高飛。

MUKASA-HUB 的文案是「讓可能性與世界連結」。我衷心盼望九州與世界連接的新時代來臨，也期待接下來能誕生許多足以象徵這種新時代的模範事業。

想建構地域的生態系

我參與社區營造至今已經十五年了。雖然今日仍在宮崎市區經營自己的店，卻覺得自己對社造的想法或參與方式有些**改變**[1]，也向來都覺得在不同年齡或時代要扮演不同的角色。

將原本位於市區的總公司遷移到宮崎市郊的高岡町之後，似乎有些人認為「村岡拋棄了宮崎的市區」、「村岡不想再參與社區營造了吧」，知道我曾經二十四小時都在商店街投入社造活動的人或許也覺得我將總公司搬到郊外是一種背叛。每個人的想法都不同，我沒辦法讓每個人都知道我真正的想法。

我當然不是放棄這個地區的未來，有些事情是應為當為的事，哪怕換了方法，也要盡力去做，我心中總是存在著這樣的**信念**[2]。

人口減少的問題讓都市之間的競爭變得更加激烈，更急於招攬年

---

1 改變：持續改變才能徹底保護該保護的事物。希望大家睜大眼睛，張開耳朵，掌握時代變遷的分歧點。勇敢地比環境的變化更早改變自己、改革自己。

2 信念：創業輔導者不能害怕孤獨。要貫徹大義就需要難以撼動的信念與強大的精神力。發現自己的錯誤時就立刻改過與修正軌道，就算繞了遠路也一心奔向終點。

輕人才，而高齡化社會的問題也讓人口不斷流入徒步就能買到所有生活必需品的市中心，導致周圍小鎮的商店街陸續消失。由於單調而制式的都市計畫不再適用，唯有優秀的領導人自行規劃戰略的地方政府才得以存活，今日的時代就是如此嚴峻。

以宮崎市市中心為例，若不重新規劃街區面積與開發區域，賦予市中心全新的機能，將區域內的人口密度拉高至極限，宮崎市中心就無法繼續存活，可是行政機關的政策總是隨著時代潮流搖擺，不知道該往活化市區的方向前進，還是該選擇廣域的開發。若一味重視商業機能（商店街），現在的市中心肯定會衰退。總有一天，現在的市中心會被稱為「舊市區」。

對在地商人來說，現在這時代真的無比嚴峻。或許，商店街再也無法回到人聲鼎沸的年代，想讓美好的舊時代復甦、讓整個地區「重生」不過是個幻想，我們該做的不是讓地區「重生」，而是「**創生**[3]」，也就是讓整個地區因為具有多元性而脫胎換骨，這是一味追求商業活化的時代所無法完成的。

---

3 創生： 傳統文化或百年企業總是敏銳地感受時代的「當下」，同時不斷地改變自己。若能知道哪些事物該守護，哪些事物應該改變，就能開創理想的未來。該做的事情是與過去的榮耀道別，持續思考開創下個世代的方法。

如果行政機能、文教機能與辦公環境能徹底於市中心集中，一定會很有意思。一來服務業得以存活，二來若夜生活與娛樂產業進一步發達，也會有許多人潮湧入市中心。少子高齡化的問題反而會加速形成緊密都市（Compact City），市區將出現一棟棟大樓，夜間人口（居民）也會增加。要求宮崎市區隨時保持商業活力的時代已經結束，今後要以全新的感性讓宮崎市街復甦。

如果一直做那些之前就做過的事，市中心不可能存活。現在已是與年輕世代攜手合作，思考該如何盡快**交棒**[4]給他們的時代。

地區的主角不該是擁有特定利益與權利的組織，而是市民。行政與民間之間的牆壁、各縣縣境、市町村這類行政區域之間的無形牆壁都該拆除，縣廳所在位置的中核市（擁有更多屬於都道府縣的權力，而且人口超過二十萬的都市）也必須有成為廣域經濟圈樞紐的覺悟。

我覺得今後的日本會成為一切反求自己責任的社會，人口也會更往東京都心集中。另一方面，許多人會選擇移居至個性鮮明的外縣市，生活形態將變得兩極化，不受年輕人青睞的地方政府將不斷衰

---

4 交棒：不斷地新陳代謝，可讓地區、組織或生命體補充活力與延續生命。為了在適當的時間點實現世代交換的目標，必須放下部分執著，並以整體最佳化為目標。

退。

或許這麼說與我將總公司搬到市郊的行為有些矛盾，但市中心今後仍是我心中最重要的地方。這裡有許多讓驕傲的我知曉天高地厚，本著好意教訓我的前輩，也是我第一次了解做生意多麼困難的地方。不過，社區營造不能再以商業或商店街為主角，地區的未來也不能再由商人眼中的商業決定方向，而是該讓擁有各種價值觀的市民或年輕人參與，進行更多面向的**討論**[5]。

不管時代如何變遷，「人力」都是資源。我相信身為企業家的我，以及我的企業所創造的未來，所以先選擇了讓自己成長的道路。

第一步，先讓目前的事業徹底成功。為了讓「公司成長」後的獲利能夠回饋社會，進而促進「地區發展」，我創立了 MUKASA-HUB。在這個商業社群相遇，互相**切磋琢磨**[6]，幫助彼此成長的年輕創業家總有一天會回到市中心。希望能夠出現更多這類扛起地區未來的人。我一直覺得，盡力促成這件事是現在的我能做的，也是一種對地區振興的貢獻。

---

5 討論：討論不是爭論，而是找出理想未來的共同作業。不要忽略內心的聲音，也要坦誠地接受對方的想法，之後再冷靜判斷各種意見，從中找出最佳答案。

6 切磋琢磨：一旦擺脫了一切以「自己」、「自家公司」為主的思想，心中只有「為了讓這個地區變得更好」的想法時，就不會互扯後腿，也能放棄無謂的競爭，進而建立互相切磋琢磨的美好關係。我們都想要一個能發揮能力的場所，我們也該知道每個人的能力都是珍貴的「在地資源」。

如果能出現更多為地區著想、雄心萬丈的創業家，總有一天他們會成為創造地區未來的「在地種子」，創造符合新時代潮流的市區。

我希望自己能催生更多這類種子，也希望打造讓種子得以發芽茁壯的苗圃，也就是讓這些創業家得以大展拳腳的社會環境，這件事同樣是我的使命。

「相信小鎮的未來」，我認為就是能於各地社造計畫應用的究極心法。

跨越各種邊界

我一直都想跨越邊界。

國家、地方政府、公司、每個人的內心，都有所謂的邊界。

九州鬆餅這項商品就是先跨越了九州「各縣」的無形邊界才得以誕生。

商品製造商在生產產品時，通常得投入大筆資金購買設備或是進行研究與開發，因此往往需要請公家機關給予各種支援。我完成九州鬆餅時也曾找不著銷售管道，不得不抱著最後一絲希望前往宮崎縣物產貿易振興中心，請教中心負責人「有沒有一些協助方案可以申請」。可惜對方完全無法理解將整個九州視為一座島的概念，我等於是吃了閉門羹。

等到商品被社會承認，概念也被社會接受後，對商品的看法也會跟著改變。現在的話，要與公家機關商量事情已經相對容易，宮崎縣也將我的公司認定為「後勢看漲的企業」，給予各方面的後勤支援。

為了讓後繼的年輕創業家以「九州概念為目標」時，不會被市町村或各縣的邊界，也就是「無形的行政機關障壁」拒於門外，有必要進一步了解整個地區。

跨越縣境的我們接下來打算跨越「國境」。

長期在鄉下做生意，難免嚮往東京，覺得東京非常耀眼，對大都市的龐大市場有所**憧憬**[1]。行政機關也會砸下大筆預算，在東京的知名餐廳或百貨公司舉辦農產品宣傳活動。

人口高達一千三百七十萬人的東京都與人口超過三千萬人的東京都市圈的確是很有吸引力的市場，但東京也是全日本一千七百個市町村不惜擠破頭都要徹底宣傳在地特色的激戰區，對於在地品牌來說，是個不折不扣的紅海市場。

如果換個角度來看，九州、沖繩縣、山口縣加起來的總人口數是遠高於東京都的一千四百萬，與其砸大錢在競爭白熱化的東京宣傳產

---

1 憧憬：地方羨慕中央，小鎮憧憬大都市，鄉下嚮往都會。為了明白憧憬是一種幻想，試著暫時離開故鄉是不錯的方法。有些價值得離開了故鄉才會發現。當你發現這些「價值」，才能踏出在地創生創業的第一步。現在不起眼的地方縣市、鄉下與小鎮，都還蘊藏著未經開發的潛力。

品，還不如回過頭在鄰近地區宣傳，說不定能掌握更大的商機。

東京的百貨公司的確吸引了許多來自全日本各地的優質商品或美食，每個地區也都在東京的百貨公司搶著宣傳「我們的商品才是日本第一」，若將目標轉向信賴日本產品的品質，渴望日本特有商品的亞洲都市，商品反而更容易「脫穎而出」。位處偏鄉的小公司或商品若不夠凸出就不會被大眾看見，也等於不曾存在過。雖然九州鬆餅 Cafe 在台北掀起旋風，但若砸下大筆資金進軍東京，恐怕只會被埋沒在眾多商品之中。

連新幹線都沒有的宮崎被戲稱為「陸上孤島」，在這塊土地經營事業的我們，前往東京與前往台北的時間相同，前往首爾或上海所需的時間也幾乎一樣，一旦拿掉國界的概念，就會發現宮崎與日本的大都市、亞洲的主要都市，都是全球化的一分子。若要思考未來，就應該放眼寬廣的世界。

我的公司從五十年前的一間壽司店起步，旗下有些店已經開業很久，有些店則是新開，員工年齡層與年資分布非常廣，每間店的營業時間也不同，員工之間沒有什麼交流機會。開創新事業時，新員工的速度與感受也與現有員工有落差。

當公司轉型為多角化經營之後，賺錢的部門，也就是領軍的事業將隨著時代而變動。此時絕對不能忘記，之所以能有「現在」，全是因為代代傳承的**歷史**[2]。身為經營者的我，總是希望新員工與舊員工都能公平地感受公司的成長。

現在的總公司辦公室設有非常寬敞的共同工作空間，不管是不是公司員工都能在此自由**交流**[3]，也因為設置了實驗廚房，員工們隨時都可以在這裡開發菜單或進行討論。

歷史悠久的公司在創立新事業時，通常會綁手綁腳，但從日本的「百年企業」也能學到，不管是什麼公司，都必須看清瞬息萬變的社會情勢，也不能害怕改變，而要不斷**靈活**[4]地「改變自己」。

我希望自己的團隊能一邊堅守崗位，一邊**理解**[5]身旁努力的其他分店或其他部門的業務，保有靈活而樂觀的心態。與不同的主體合作能發揮一加一大於二的效果，也能促成創新。此道理當然同樣可以套

---

2 歷史： 持續追求能被「現在」這個時代接受的感性，持續尋找普世價值而不是轉瞬即逝的事物，長此以往，這些努力就會累積成歷史。過去「不是結束」而是「現在的基礎」，未來則會在「每天的努力」之後到來。

3 交流： 交流是敞開心胸與開放場地，讓不同文化的人彼此碰撞的過程，而不是封閉的、單向溝通的行為。如此一來，新價值容易誕生的環境才容易形成。

4 靈活： 創業家經常會遇到需要快速應變的場合。創業時，不斷地實踐與失敗會比縝密的計畫來得有益處。比起PDCA循環（計畫、執行、查核、行動），創業家更需要OODA（觀察、判斷狀況、決策、行動），或是不斷地進行 Do & Check 的速度感與節奏感。

用在公司各部門之間的交流。與外部的交流則能讓我們發現新事物，並讓新發現因為內部的交流而進化。希望我的團隊能大膽挑戰「新事物」，不畏懼公司的文化改變，勇敢地向前邁進。

最困難的就是跨越人心的邊界。

年齡層、性別、立場、社會地位、上下關係，各式各樣的背景，都在我們之間築起一道道無形的**高牆**[6]。

之所以將總公司搬到 MUKASA-HUB，並在此地建構地區間的人際網路，正是因為身為企業家又長年參與社造活動的我，想要拆除這一座座將地方都市特有的市場新人或改革者拒於門外的無形高牆。

要讓整個地區變得豐富，就要有包容新時代與新感性的雅量，而為了尊敬先人，了解過去的歷史，就必須有負責「傳承」的人。

MUKASA-HUB 除了促進人與人的交流，也希望與行政機關一起促成各地區之間的合作。二〇一七年十二月，我們已與四處地方政府簽訂「包括連攜協定」（與不同領域的企業合作，提升公民服務的協定），一步步建立整個地區共享充滿創意的社造人才與企業家的人際

---

5 理解：我希望打造一個成員想讓「身邊的夥伴輕鬆一點」的團隊。員工了解彼此的業務或立場，主動幫助需要幫助的同事，再由所有成員一同解決困難。團隊合作只有每個優秀的成員都堅守崗位才會出現。

6 高牆：對於想留在牆內、維持現狀的人來說，無形的邊界是「防護牆」，但是對於想前往牆外、想求新求變的人來說，無形的邊界就是「障壁」，只能選擇破壞或跨越高牆再前進，沒有呆呆站在高牆前面的選項。

網路。二〇一八年之後，這個動向將擴及九州各縣，之後還要與整個日本或國外的各處機構建立關係，打造使用者在任何地方都能互相連結的環境。

MUKASA-HUB 是一個讓想挑戰新事物的人與輔助他人進行挑戰者得以交流的地方，也是以全新的感性參與社造活動的年輕人，與之前一直站在最前線為整個地區奮鬥的社會活動家建立連結之處，更是學生與大人跨越世代與立場交談的場所。

在共享經濟（主要透過網路分享與交換物品或服務，以及因此形成的經濟）的時代揭開序幕之際，在地的共同工作空間一定會在九州各地接二連三出現。不同的社群都有不同個性的人，而當這些人彼此連結，我們之間就再也沒有縣境這類「無形的邊界」。

重新檢視在地價值，試著與故鄉建立關係，再從中找出生存之道，同時讓故鄉恢復活力。這是讓自己解放，擁抱自由的生存之道。能實現這種理想生活方式的九州新時代即將來臨。

若被舊概念困住，滿腦子只有「很困難」或「很辛苦」，無法挑戰新事物。我相信跨越各種**邊界**[7]能在個人、企業、地區以及各種情境中幫助每個人成長。

7 邊界：邊界其實是人類想像的存在。大家都將規則、秩序、頭銜，以及其他無數種無形的邊界視為理所當然的規範時，社會才得以成立。可是當你覺得社會太過封閉，找不到自己的幸福時，乾脆將這些無形的邊界「當成空氣」，讓自己獲得自由，讓圍住內心的牆壁融化。希望大家回到小學生的觀點，描繪未來的希望。

旅行與工作合而為一的生存之道，從九州開始

從小我就是個好奇心旺盛，很愛冒險的小孩，而且仔細一想會發現，這個性從以前到現在沒有半點改變。

十八歲前往美國是我人生的一大契機。開 Tully's Coffee，踏遍九州尋找素材，完成九州鬆餅，不斷在台灣、新加坡、亞洲各國與九州之間往返，經營九州鬆餅 Cafe。不管是創業還是發展事業，我心中一直都有著對未知的憧憬，也一直都像是在**旅行**[1]。

在故鄉設立經營據點 MUKKASA-HUB 之後，我打算以九州為起點，與全日本與全世界建立共同工作空間的人際網路。每天在這樣的環境下工作，我心中的憧憬與理想的工作方式也變得更加清晰與生動。

---

1 旅行：一說認為成功與移動距離成正比。如果一直留在同一個地方，重複相同的行動與思考，絕對不可能有什麼新發現或新感受。去一些平常不會去的地方，做一些與別人不同的事，這些行動都會在心中種下創意的種子。

我想擺脫場地與時間的概念，得到「踏上旅途的自由」。

乍看之下這似乎是不可能實現的理想，但隨著網路的發達，每個人都有在任何地方工作的自由。

更何況這世界還有共同工作空間，只要去到那裡就能輕易建立專心工作的環境。與過往不同，在外國設立事業據點的門檻已經大幅下降。

看來，今日已是「旅行」與「工作」之間的**分界線**[2]逐漸消失的世界。

峇里島的共同工作空間 Hubud 就是很好的例子。Ubud 是當地的 hub，所以將這個共同工作空間命名為 Hubud。這種命名方式感覺與 MUKASA-HUB 很類似，我也是基於穆佐小學才如此命名，為此覺得 Hubud 這個共同工作空間一點都不陌生。

位於猴子森林這座叢林附近的 Hubud 經營價值觀是「在度假村邊休息，邊工作」。令人意外的是，有三十個國家以上的人曾經順道來此度假，平日也有超過一百個人以上在這裡工作。Hubud 可說是「邊

2 分界線：如果分界線源於人類的意識，那麼能讓分界線消失的也是人類的意識。希望能不斷跨越、化解身邊無數的分界線，讓不同的地方融合，產生化學反應與催生新價值。

旅行邊工作」的理想範例，實現了我夢想中的工作方式，不久後我一定要去 Hubud 一探究竟，學習他們的方式。

MUKASA-HUB 何時才能成為宮崎的工作與旅行樞紐，吸引九州以外的、例如日本或全世界的旅客前來呢？我想增設一間餐廳，提供以當地特有食材烹調的料理與鬆餅，也想打造讓消費者可以長期留宿的客房。如果宮崎的觀光資源能與「邊旅行邊工作」的價值觀結合，應該會產生新的觀光需求。

談論夢想是實現理想的第一步。度假村與工作的結合絕對可以成為旅行的動機與目的。

一直以來，宮崎縣的觀光課題在於留住觀光客，別讓觀光客只是路過。雖然很難邀請世界級度假旅館或賭場這類金碧輝煌的設施進駐宮崎，但如果是下列這些特色，或許有可能留住觀光客。

宮崎縣是一個充滿古代神話與傳說的地方。朝南北延伸的**美麗**[3]海岸線也有多個衝浪地點，吸引許多來自日本各地的衝浪高手紛紛前來。若是往距離宮崎市區三十分鐘左右的山邊而去，則能**享受**[4]籠罩

3、4、5美麗、享受、美味：發掘在地價值的行為絕對是一種呈現自己喜歡事物的方式。散播自己打從心底相信的價值是一件非常開心的事。如果這件事能成為工作，每天一定都會很興奮。透過實地考察認識自己的故鄉吧，你一定會有新發現，也會找到自己想做的事。

在晨霧中，宛如夢幻仙景的田園或溪谷。

一條條清澈的河流與和煦的陽光造就了宮崎縣豐富的農業環境，也帶來了最棒的食材。這裡有日本第一的和牛，**美味**[5]的蔬菜，在地現捕的新鮮魚類。超過三十間以上的在地酒廠則釀造了個性鮮明的燒酎，在地葡萄酒莊與精釀啤酒釀造廠也多次在不同的品評會上獲得好評，釀造實力近年已獲得認同。

宮崎可說是一個在歷史、風土條件、文化、景觀、飲食各方面都擁有豐富資源的地方。要在這塊土地實現夢想的時候，來自全世界的**極客**[6]創業家與創意人員，一定會在 MUKASA-HUB 與共同工作空間進行國際交流。我彷彿已經看到這番光景。

不用多做解釋，一旦這個夢想實現，九州的全貌一定會變得更加清晰。

顧名思義，九州鬆餅就是踏遍九州，尋找各種美味的食材與農產品，再將這些素材送到全世界顧客手中的專案。我想支援在地才有的文化與產物，也胸懷這樣的心願發展事業。

---

6 極客：擁有卓越的專業知識且不受舊框架束縛的感性與創意的一群人。在重視同質性與協調性的日本社會中，曾有一段特立獨行者會受歧視的時代。希望能打造認同所有的個性（身分），讓自由的感性得以甦醒與躍動的社會。

當我們在九州各地與全世界推廣自家品牌，或許原本只能留在宮崎服務的門市員工就能隨自己的心意調到九州各地與全世界的門市服務。我自己也可以為了推廣九州鬆餅與相關事業，以及追逐屬於自己的理想而前往全世界旅行。

九州鬆餅誕生後的五年之內，我為了造訪各處農產品產地，我那輛渾身是傷的福斯 Golf 已經跑了十二萬公里以上。繞地球一圈大概是四萬公里，我光在九州這個地區就跑了快三圈。

漫長的旅程中，我覺得「九州是一個擁有不同文化，去到哪裡都有驚喜的大島」。這裡有自稱「九州人」的地方民族主義與傳統的文化圈，而且每個地區都有截然不同的原生居民風情。

福岡縣是名符其實的亞洲門戶，今後一定也會持續發展。

在日本鎖國時代做為唯一貿易窗口的長崎縣因這段歷史使然，以及受到中國與西洋的影響，擁有獨特的文化，洋溢著異國風情。

連接日本海與有明海的佐賀縣自古以來就是知名陶瓷器產地，唐津、伊萬里、有田都相當知名。

大分縣最有名的就是溫泉與美味的魚類，如果從大分縣出發，前往擁有壯麗阿蘇山脈的熊本縣，這段東西走向的路線約需三個小時車程，一路上將可看到令人感動的美景如畫軸般展開。

面向太平洋的宮崎縣擁有朝著南北延伸的美麗海岸線，也是全日本衝浪高手嚮往之地。

市區緊鄰活火山「櫻島」的鹿兒島縣擁有放眼全世界都難得一見的自然景色。

最後則是一邊守護著特有的琉球文化，一邊持續發展成亞洲度假村，備受全世界旅客喜愛的沖繩縣。

我想一直在個性鮮明的九州七縣與沖繩旅行，不斷地在當地享受當地才有的「美食」，我希望一邊工作，一邊自由地旅行，同時向全世界宣傳九州的美好。我打從心底想擁有這樣的工作方式。

九州各地出現了許多共同工作空間，許多擁有獨特創意的創業家也在這樣的空間彼此連結，這與 MUKASA-HUB 創立之際的情況可說如出一轍。如果整個九州都能設立這類據點，創業家們就能彼此連結，也能兼顧旅行與工作，如此一來，更加豐富、更令人雀躍的未來亦將實現。

我總是透過不同的創業經營描繪「比現在更快樂的美好未來」。雖然要實現美好的未來會不斷地煩惱、迷惘、痛苦，有時候還會狠狠摔一跤，但我與團隊總是一步也不妥協，將能做的事情做到最好。這些過去的經驗與學習成果從今往後都會是我們的事業**基礎**[7]，而這份事業將以 MUKASA-HUB 為據點，同時以九州鬆餅為基柱，不斷茁壯。

接下來要踏上什麼樣的旅程呢？又會有什麼樣的邂逅等著我？我會獲得什麼靈感？又會開創什麼樣的事業，創造什麼樣的新價值，與九州的人還有全世界分享呢？

我與團隊成員的旅程將持續下去，路上一定會遇到更加精彩與刺激的風景。我們要從宮崎出發，從九州邁向全世界。

---

7 基礎：年輕時的經驗就像在沒有設計圖的情況下蓋城堡。疊好一塊又一塊的石頭之後，疊好的石頭卻倒塌，之後試著掌握技巧再疊石頭，結果還是倒塌，最後總算在經歷多次失敗之後，找到屬於自己的成功法則。只有流下不甘心的眼淚才能得到真正的經驗，而這些經驗將成為一切的基礎，讓你得以建造屬於自己的城堡。

以獨特性與稀有性做為挑戰世界的武器，先是九州鬆餅，然後是 MUKASA-HUB

AXEL MARK 株式會社董事　**川野尚吾**

在整個社會成長為資訊社會、高度網路化社會的時代，不管身在何處，都能存取全世界的資訊，但所有事物都逃不過一般化的命運。在逐漸均質化的社會之中，獨特性與稀有性也愈來愈有價值，以日本為例，擁有多元文化與特性的地方比均質化的都市更能發揮潛力。

到底年輕人紛紛離開，只剩下老年人的地方缺少什麼？又需要什麼？比起創業資金的補助以及賦稅優惠這類社會基礎福利，更需要的是「可以不斷挑戰（失敗）」的文化，以及能模仿的範本。

村岡先生非常了解這一切的本質。他讓整個九州的農產品集結在「九州鬆餅」這個溫暖的名字之下，再以九州鬆餅的美味征服世界，親自證明九州是能暢行全世界的品牌。

此外，他還透過 MUKASA-HUB 讓進行這類挑戰的門檻降至最低，讓大家的想法從「做些什麼」變成「試著挑戰看看」。

在觸手可及的距離裡有放眼全世界的挑戰，能挑戰的場域也已經準備就緒。村岡先生的挑戰是宮崎這個地方的挑戰，今後日本要以獨特性與稀有性為武器，挑戰整個世界。雖然我的力量不足，但我也想為這類活動略盡棉薄之力。

川野尚吾

一九七四年出生，AXEL MARK 株式會社董事。

從宮崎縣私立日向學院國中、高中畢業後，為了念大學前往東京。畢業後進入綜合商社，創立衛星播放事業「Skyper!」並負責推廣。於進入公司第十年獨立創業，成立株式會社「BestCreate」，與手機銷售店家一同推廣聯盟式行銷廣告「Real Affiliate」事業。如今已成為網羅日本全國約九千家門市的龍頭企業。從創立五年後開始併購。之後參與上市公司「AXEL MARK」經營，成為該公司董事，私下也是天使投資者。

輕飄飄飛上天的九州鬆餅

KIGURUMI.BIZ 株式會社董事長 **加納 HIROMI**

我一年見不到村岡先生十天，而且常常都是在新幹線或機場候機室碰面，其實不太了解他的生活，但我很了解他這個人。

村岡先生是個強大又溫暖的人，但有時候會顯得有點柔弱。在一年不到幾天宛如奇蹟般的會面裡，村岡先生總是教我很多事情。有時候他也會說些喪氣話，或像一般人一樣抱怨，而我在這個時候都會莫名覺得非常安心。

雖然村岡先生看起來就像超人，但我覺得他只是一直用正確的方法做正確的事。而我們這些大人都知道，這有多麼困難。

即使是追求「正確」，還是會遇到各種敵人。在這些敵人中，有時是人，有時是制度，有時則是某些習俗，有時甚至是遠在海洋另一端的文化。村岡先生總是與一個又一個敵人對抗。

去年在新幹線巧遇村岡先生時，他正準備啟用 MUKASA-HUB，我猜他那個時候也正與敵人作戰著，因為那天他看起來很累，但還是一直保持笑容地坐在我旁邊，而且渾身散發著光芒。「九州是離亞洲最近的地方喲」，村岡先生曾如此告訴我。的確是這樣，我們站在比東京有利許多的地方，但只是站著的話，什麼事都做不成，不移動的話，哪裡都到達不了。我總是會從村岡先生身上學到這類事。

這陣子，村岡先生的九州鬆餅輕飄飄地飛到了海的另一邊，帶給許多人幸福。我覺得「輕飄飄飛上天的九州鬆餅」完全就是村岡先生的寫照。

加納 HIROMI

KIGURUMI.BIZ 株式會社董事長。

在 Apple 與其他外資公司服務之後，一九九八年回到宮崎，進入「Stage Crew」（現為 KIGURUMI.BIZ 株式會社）。二〇一七年成為該公司董事長。除了製作布偶裝，也針對日本國內的企業或團體提供宣傳與全面的支援服務，也有許多來自國外的訂單。於公於私都秉持著 LOVE。目前是宮崎女性活躍推進會議共同代表、宮崎縣男女共同參畫審議會委員。二〇一三年獲頒「宮崎縣女性挑戰獎」。二〇一六年，獲頒九州未來獎「女性地域貢獻獎」。

結語

從這個最幸福的空間出發，踏上新旅程

我正在坐滿了客人的咖啡館櫃檯替這本初次撰寫的書寫結語。

地點就在剛剛開幕，堪稱旗鑑店的九州鬆餅 Kitchen。這裡除了吃得到九州鬆餅，還有無添加吐司專賣店「九 pan」，以及以在店裡手工烘焙的玉米杯為賣點的「KYUSHU SOFTCREAM FACTORY」，算是非常獨特的新業態。

在這個配置大型烤箱，四周都是落地窗的吐司工房裡，南阿蘇名店「PAIN DAIGO」老闆上道大吾正一邊給員工真摯的建議，一邊烤著吐司。

大吾先生從開幕幾天前就一直待在工房，不斷檢查麵種的發酵與烘焙程度，在這個新品牌誕生的瞬間，吹入最後的「靈魂」。

熊本地震發生之後，「PAIN DAIGO」花了五百個日子在二〇一七年九月復活。這段期間內，公司所有人都前去幫忙，這次則輪到大吾先生來幫助我們。大吾先生說：「這是為了體現整個九州的吐司，我當然要去幫忙。」把自己的麵包店關上門，趕來我們店裡。

咖啡櫃檯這邊，遠從仙台而來的 FLAT WHITE COFFEE FACTORY 中澤美貴先生（俗稱 miki）正在為員工解說咖啡豆的特徵、產地故事、烘焙咖啡豆的心法，以及煮出最美味咖啡的技術。miki 先生在 ABURASTU COFFEE 創立之際曾經幫助過我，是我最信賴的咖啡烘焙師。「我會為一平的全新出航烘焙最棒的咖啡豆，一切就交給我吧」，感謝他這句讓人無比安心的話。

到了傍晚時分，綾町松井農園的主人一臉有點緊張的表情來訪。以合鴨為雛型的「九 pan」標誌源自松井先生以合鴨農法種植的稻米。我一開始沒對松井先生說明標誌的事情，所以當我跟他說：「這是你家合鴨做的吐司喲。店裡使用的蔬菜也都是松井種的，沒有松井農園，就不會有這間店了」，松井先生露出了滿臉笑容。

送我露天栽培檸檬的丸山農園丸山淳先生也與夥伴趕來慶祝。店裡的電子告示牌正好顯示著用丸山農園檸檬製作的檸檬水，他開心地拍了張照片留念，然後把一個綁著緞帶，白白淨淨的袋子拿給我說「這是賀禮」。打開袋子一看，裡面有一顆剛採下來的酪梨。丸山先生說「我總算採收到好吃的酪梨了」，我有種收到貴重寶物的感覺。

從熊本趕來幫忙的熊本製粉的小宮有美子不斷地在門口邀請客人進門看看，喊到聲音都變得沙啞了。與她同公司的宮本貫治社長則與九州鬆餅得以開發的山口祥夫部長早一步趕來慶祝。我們聊沒幾句就開始討論用來製作「九 pan」的新品種小麥，宮本社長笑著說：「村岡先生，今天明明是開幕的日子，你已經開始思考下一步要做什麼了嗎？」

從橫須賀來訪的株式會社「Yachiyo」社長鈴木孝博先生和我一樣，在十五年前加盟了 Tully's Coffee，我們算是同梯的初期加盟商，之前常常一起去世界各地旅行，是我不可或缺的夥伴。

使用北海道素材製作起司塔，藉此名揚全日本與全世界的株式會社「BAKE」西尾修平社長同樣趕來祝賀。「村岡先生，你真的徹底實現了想法耶，這讓我有點嫉妒你喲」。從我尊敬的品牌經營者口中聽到這句話真是最棒的讚美。

回過頭一看，從 Tully's Coffee 一號店就開始並肩作戰的鬼束文士正帶頭鼓舞新進員工。

一起在台灣與新加坡創立九州鬆餅 Cafe 的山下宏和與桑畑宣孝各自待在麵包工房與咖啡廳的廚房。雖然整間店因為開幕而鬧哄哄，他們兩個仍然默默地做著手上的工作，看著這樣子的他們，心裡真的覺得他們很可靠，我已經能放心將整間店交給他們了。

九州鬆餅就像是準備駛向大海的小船。

坐在這艘船上的我們彷彿要踏上新旅程。

我要帶著產地直送的蔬菜、新鮮的牛奶與雞蛋，還有我自豪的九州食材，與重要的夥伴一起巡迴世界。我知道，這趟旅程不會一路風平浪靜，但只要所有人團結一致，堅守崗位，我們一定能持續向前航行，總有一天我們會找到新大陸，在那裡掛上招牌，並在當地扎根，然後再航向下一個新大陸。

我與陸續來訪的朋友、給予無償的愛與祝福的夥伴、製粉公司的夥伴與農家，一邊享用著miki先生沖煮的美味咖啡，一邊環顧著店內，這才發現，這間剛誕生的咖啡廳已不知不覺成了如此棒的空間。

最後，感謝總是全力支持我的所有夥伴，謝謝他們願意包容如此任性的我，這本書就此擱筆。

真的真的，非常感謝各位夥伴。

今後也一起奮鬥。衝吧！向前衝吧！

二〇一八年三月吉日

村岡浩司

於繁體版出版之際

自從二〇二〇年三月新冠疫情於全世界爆發之後，對我的事業也造成了深刻影響。除了「Tully's Coffee」九州一號店與「CORNER」不得不歇業之外，撰寫這篇結語之際，「九州鬆餅Kitchen」的三間店面也不得不關上大門，這兩年半過得非常辛苦。我自己的心境出現了明顯的變化，正準備尋找新的希望。

新冠疫情對服務業、餐飲業、觀光業都造成了巨大的影響，不得不戴著口罩生活這件事，也對學生與孩子的心靈帶來了負面影響。過去一直被視而不見的弱勢族群課題一口氣浮上檯面，貧富落差更是進一步拉開。據說全世界約有五億人口因為新冠疫情而陷入貧困，整個世界的性別暴力發生率不斷上升，經濟的前景不明、受教育的機會減少，女性與少女也都受到封城的影響。

不過，長期分裂的社會似乎將再次融合，世界級的大型社會改革也將興起，而在如此漫長的新冠疫情生活之中，我們更該反省「為了什麼而活，身為企業的使命與目的是什麼」。

每個人能做的事情的確有限，但歷史一再告訴我們，不管力量多小，也不管時代如何改變，擁有信念的集團總是能改造社會。我希望自己能以「社會創業家」的身分，為地球和在地社群提供有益「社會」的活動、產品與服務，希望透過自己的生意實現Social Good的社會。

二〇二一年秋天，我們在MUKASA-HUB一樓設立了「MUKASA Coffee & Roaster」咖啡廳。這間坐落於人口數僅僅一萬兩千人小鎮的咖啡廳，如今已成為在地居民落腳休息的社群集會之處。這間位於山腳的田園咖啡館以周休三天，每天營業五小時的型態經營，來到這裡可以享受手工烘烤的麵包與自家烘焙的咖啡。這種不讓員工過度營業的型態重視的是個性與平穩，而不是制式化的產品。

我們希望過去的經營經驗能用於解決在地的社會問題。要重新利用廢棄的校舍，要振興人口外流的社群，要讓因為水災或地震而受損的建築物復活，要讓低收入戶的孩子得到溫飽，「飲食交流」可說是這類專案的要角，也是不可或缺的一環。我希望「九州鬆餅」能跨越國境，在這些地方做出貢獻。

這本書的繁體字版在出版之際，得到了許多人的幫忙。

不管是在台灣的事業夥伴，還是想讓故鄉變得更好的社會活動家，抑或著手翻譯的出版社人員以及有緣購買本書的讀者，在此由衷獻上感謝。

二〇二三年 夏

村岡浩司

Win 31

九州傻瓜的在地創生創業論：從地方創生到商業模式，九州鬆餅的目標可是全世界！

作者——村岡浩司
譯者——許郁文
責任編輯——陳詠瑜
行銷企畫——林欣梅
校對——聞若婷
封面設計——FE工作室
內頁設計——張靜怡

編輯總監——蘇清霖
董事長——趙政岷
出版者——時報文化出版企業股份有限公司
一〇八〇一九臺北市和平西路三段二四〇號三樓
發行專線——（〇二）二三〇六—六八四二
讀者服務專線——〇八〇〇—二三一—七〇五
（〇二）二三〇四—七一〇三
讀者服務傳真——（〇二）二三〇四—六八五八
郵撥——一九三四四七二四時報文化出版公司
信箱——一〇八九九臺北華江橋郵局第九九信箱

時報悅讀網——http://www.readingtimes.com.tw
電子郵件信箱——newstudy@readingtimes.com.tw
時報出版愛讀者粉絲團——https://www.facebook.com/readingtimes.2
法律顧問——理律法律事務所 陳長文律師、李念祖律師
印刷——紘億印刷有限公司
初版一刷——二〇二二年九月三十日
定價——新臺幣三八〇元
（缺頁或破損的書，請寄回更換）

時報文化出版公司成立於一九七五年，
一九九九年股票上櫃公開發行，二〇〇八年脫離中時集團非屬旺中，
以「尊重智慧與創意的文化事業」為信念。

九州傻瓜的在地創生創業論：從地方創生到商業模式，九州鬆餅的目標可是全世界！／村岡浩司著；許郁文譯 . -- 初版 . -- 臺北市：時報文化出版企業股份有限公司 , 2022.09
272 面；14.8×21 公分 . --（Win；31）
譯自：九州バカ：世界とつながる地元創生起業論
ISBN 978-626-335-792-1（平裝）

1. CST：社區總體營造　2. CST：社區發展
3. CST：日本九州

545.0931　　111012502

ISBN 978-626-335-792-1
Printed in Taiwan